Informatik aktuell

Herausgeber: W. Brauer
im Auftrag der Gesellschaft für Informatik (GI)

Springer-Verlag Berlin Heidelberg GmbH

Peter Holleczek

Birgit Vogel-Heuser (Hrsg.)

Echtzeitkommunikation und Ethernet/Internet

PEARL 2001

Workshop über Realzeitsysteme

Fachtagung der GI-Fachgruppe 4.4.2
Echtzeitprogrammierung, PEARL
Boppard, 22./23. November 2001

Springer

Herausgeber

Peter Holleczek
Regionales Rechenzentrum
der Universität Erlangen-Nürnberg
Martensstraße 1, 91058 Erlangen
holleczek@rrze.uni-erlangen.de

Birgit Vogel-Heuser
Bergische Universität GH Wuppertal
Automatisierungstechnik/
Prozeßinformatik
Fuhlrottstraße 10, 42097 Wuppertal
vogel@lfa.uni-wuppertal.de

Programmkomitee

R. Arlt	Hannover	R. Müller	Leipzig
W. Gerth	Hannover	H. Rzehak	München
W. A. Halang	Hagen	G. Thiele	Bremen
H. Kaltenhäuser	Hamburg	B. Vogel-Heuser	Wuppertal
K. Mangold	Konstanz	H. Windauer	Lüneburg

Die Deutsche Bibliothek - CIP-Einheitsaufnahme

Echtzeitkommunikation und Ethernet, Internet : Fachtagung der GI-Fachgruppe
4.4.2 Echtzeitprogrammierung, PEARL, Boppard, 22./23. November 2001 / PEARL
2001, Workshop über Realzeitsysteme. Peter Holleczek ; Birgit Vogel-Heuser
(Hrsg.). - Berlin ; Heidelberg ; New York ; Barcelona ; Hongkong ; London ;
Mailand ; Paris ; Singapur ; Tokio : Springer, 2001
  (Informatik aktuell)
  ISBN 978-3-540-42706-3   ISBN 978-3-642-56450-5 (eBook)
  DOI 10.1007/978-3-642-56450-5

CR Subject Classification (2001): C.3, D.4.7

ISSN 1431-472-X
ISBN 978-3-540-42706-3

http://www.springer.de

© Springer-Verlag Berlin Heidelberg 2001
Ursprünglich erschienen bei Springer-Verlag Berlin Heidelberg in 2001

Satz: Reproduktionsfertige Vorlage vom Autor/Herausgeber

Gedruckt auf säurefreiem Papier   SPIN: 10854184   33/3142-543210

Vorwort

Das Jahr 2001 wird wirtschaftlich, rückblickend betrachtet, wohl mit dem Niedergang des Neuen Marktes verbunden bleiben. Sein einstiges Zugpferd, die Kommunikationstechnik, ist mittlerweile zu einem weltweiten Sorgenkind geworden. Es gibt Anzeichen, daß der jahrelange Fall der Kommunikationskosten jäh gebremst worden ist. Zum ersten Mal seit vielen Jahren steigen sogar die Kosten für das Telefonieren wieder. Man hat den Eindruck, daß es bei den Kommunikationskosten ‚keine Luft mehr gibt‘. Über den Preis läßt sich der Wettbewerb kaum noch entscheiden. Es drängt sich die Frage auf, wie es mit der Qualität aussieht.

Bis vor kurzem war für viele die Vergrößerung der Bandbreite der alleinige Schlüssel für eine Verbesserung der Dienstqualität, nach der Devise ‚viel hilft viel‘. Echtzeit-Experten mag das genauso zutreffend erscheinen wie die Empfehlung, bei mangelnder Echtzeitfähigkeit eines Rechners einen schnelleren Prozessor zu nehmen.

Die Zeit ist reif, der Frage nach einer Dienstqualität ernsthaft nachzugehen. Erste Internet-Provider haben die Zeichen der Zeit erkannt und sichern maximale Laufzeiten durch ihr Netz zu. Für die Entwickler und Nutzer von verteilten Echtzeit-Systemen wird die Lage dadurch interessant. War es bislang Glaubenssache, Echtzeit-Kommunikation über nicht-deterministische Medien (wie Ethernet und Internet) zu akzeptieren oder abzulehnen, lohnt sich mittlerweile eine grundsätzliche Gegenüberstellung der Anforderungen von Echtzeit-Anwendungen und der Leistungsfähigkeit von Kommunikationsnetzen. Hier genau liegt das Schwerpunktthema des diesjährigen Workshops: **Echtzeitkommunikation und Ethernet/Internet**.
Erfreulicherweise beschäftigt sich über die Hälfte aller Beiträge mit dieser Problematik, die wir, um den Teilnehmern eine konzentrierte Sicht auf das Thema zu vermitteln, am ersten Tag behandeln.

Die erste Sitzung ‚Automatisierung über Internet/Ethernet‘ ist deswegen den Anforderungen aus Sicht von Anwendungen gewidmet, und zwar sowohl aus Sicht von konkreten Automatisierungsvorhaben als auch durch Modellbildung im Labor. Welche qualitätsrelevante Techniken es in Kommunikationsnetzen gibt, wird in der zweiten Sitzung ‚Echtzeit und Internet/Ethernet‘ behandelt, getrennt nach Router-Netzen, Switch-Netzen und Interface-Technik. Die dritte Sitzung ‚Harte Echtzeit-Kommunikation‘ beschäftigt sich mit Anforderungen bzw. Anwendungen, die nur mit elementarer Technik lösbar sind.

Der zweite Tag ist den eher traditionellen Themen vorbehalten. In der Sitzung ‚Programmiermethoden‘ geht es um Fragen der Programmentwicklung bei Realzeit-Software, z.B. um die Entwicklung von fehlertoleranter Software mit Funktionsblockdiagrammen, die Integration von UML in eine IEC 61131-3 Umgebung und das objektorientierte Programmieren unter PEARL90. Den Abschluß bilden die klassischen ‚Aktuellen Echtzeitanwendungen‘ mit Beiträgen über ein integriertes Meß-/Video-Datenmanagement, vernetzte Prüfplätze bei Waschautomaten, und – last but not least – Erfahrungen mit WindowsNT embedded.

Wir sind sicher, ein interessantes, ja sogar spannungsreiches Programm zusammengestellt zu haben. Daß der Springer-Verlag wieder unseren Tagungsband herausgibt, freut uns ganz besonders. Bei den Firmen GPP, IRT und Werum, die die Veranstaltung tatkräftig unterstützen, möchten wir uns herzlich bedanken. Im Namen des Programmkomitees der GI-Fachgruppe 4.4.2 Echtzeitprogrammierung wünschen wir dem Workshop ein gutes Gelingen und den Teilnehmern viele neue Eindrücke, angeregte Gespräche und aufschlußreiche Diskussionen.

September 2001

Erlangen   Wuppertal

Peter Holleczek   Birgit Vogel-Heuser

Inhaltsverzeichnis

Anforderung an Ethernet-basierte Automatisierungssysteme und Web-basiertes Engineering aus der Verfahrens- und Fertigungstechnik

Birgit Vogel

Bergische Universität Gesamthochschule Wuppertal
Lehrstuhl für Automatisierungstechnik / Prozessinformatik
Fachbereich Elektrotechnik und Informationstechnologie
Fuhlrottstraße 10
D-42119 Wuppertal
bvogel@uni-wuppertal.de

Zusammenfassung. Die von Anwender aus der Verfahrens- und der Fertigungstechnik gewünschte Offenheit und Durchgängigkeit ist theoretisch durch Ethernet für die Automatisierung einer Anlage, mit Intranet für die Kommunikation in einem Werk und mit Internet zum verteilten Engineering an verschiedensten Standorten sowie zum Remote-Zugriff im Diagnosefall vorhanden.

Die Standardisierung der Anbindung und des Engineerings von Automatisierungsgeräten ist möglich, aber nicht Stand der Technik. Verschiedene Interessengemeinschaften arbeiten in diesem Feld.

XML-Technologien bieten die Basis aber nicht die Lösung aufgrund eines fehlenden einheitlichen Datenaustauschformates, sowohl im Falle der Kopplung der kaufmännischen an die technische Welt als auch innerhalb der technischen Welt entlang des Systemlebenszyklus.

1.   Einleitung

Durchgängigkeit und Offenheit sind die Schlagworte im Zusammenhang mit Internet. Daten sind für jeden Zugriff verfügbar und Dokumente sind mit Standardbrowsern und Readern abrufbar.

Welche Potenziale ergeben sich durch diese Techniken in der Automatisierungstechnik? Intelligente Sensoren, die direkt über Internet kommunizieren, könnten die klassische Automatisierungspyramide in Frage stellen.

Zielsetzung dieses Beitrags ist es, eine Übersicht aus der Sicht der Anwender der Fertigungs- und Verfahrenstechnik aufzuzeigen mit den Potenzialen der Internet-Technologie aber auch den noch vorhandenen Defiziten.

Zunächst sind die Begriffe genauer zu spezifizieren: Ethernet, Intranet, Internet, da im Zusammenhang mit Ethernet implizit häufig Internet assoziiert wird.

1.1   Ethernet, Intranet, Internet

Nach Braune et. al. [1] wird "..ein Computernetz dann als Intranet bezeichnet, wenn es bereits das Kommunikationsprotokoll TCP/IP und die internettypischen Dienste verwendet, aber nur eine bestimmte Anzahl von Computern lokal miteinander vernetzt. Es ist nicht direkt mit dem öffentlichen Internet verbunden. Das Intranet

steht damit nur einer begrenzten Anzahl von Teilnehmern z.B. aus einem Unternehmen zur Verfügung. Im Gegensatz zum Internet sind in einem Intranet die Adressen und Namen netzwerkintern frei wählbar, die Gefahr von Einbrüchen oder Virusinfektionen durch unberechtigte externe Zugriffe „...ist..."nicht vorhanden...".
"...Als Internet wird das Netz der Rechner bezeichnet, die mit dem TCP/IP-Protokoll miteinander kommunizieren. Das Internetprotokoll (IP-Schicht) ist für das richtige Verteilen und Zustellen der Daten über redundante Kanäle verantwortlich..". Zur Zeit findet die Nutzung mit TCP/IP-Übertragungsprotokoll und Ethernet als Netzwerkzugang statt und OPC (OLE for Process Control, OLE- Object Linking und Embedding) als Beispiel für die Middleware.
Bei Ethernet TCP/IP handelt es sich um eine Kommunikationstechnologie, welche eine Host-zu Host Kommunikation bis zur Transportebene (Layer 4) realisiert. Der Application Layer ist unterschiedlich für die wesentlichen Varianten in der Automatisierungstechnik.

2.   Ethernet-basierte Automatisierungssysteme

Vor dem Hintergrund des offenen Internets werden ähnliche Anforderungen hinsichtlich der offenen und transparenten Datenbereitstellung auch für die Automatisierungstechnik aufgestellt.
Vor diesem Hintergrund beschäftigen sich verschiedene Organisationen in ihren Fachgremien mit diesem Thema:
- das Fokusprojekt 3 der GMA (Gesellschaft für Mess- und Automatisierungstechnik) „Nutzung von Internettechnologien für die Mess- und Automatisierungstechnik" im allgemeinen Sinne,
- unter dem Aspekt der weltweiten Fernwartung und Diagnose der FA 6.41 der GMA,
- unter dem Aspekt des Engineerings der FA 6.21 der GMA,
- unter dem Aspekt des durchgängigen Engineerings der NAMUR AK 1.3 „Engineering" sowie der
- NAMUR AK 2.8 „PLT-Nutzung von Internet-, Intranet und Netzwerktechnologien" mit den Forderungen an von Internettechnolgien aus Betreibersicht.

Diesen Forderungen der Anwender und Betreiber stehen die Konzepte der Hersteller gegenüber.
Als Lösungskonzepte der Hersteller werden zur Zeit vier wesentlichen Ethernet TCP-IP-Varianten für die Automatisierungstechnik entwickelt: PROFInet[TM], Ethernet/IP im Rahmen der ODVA, High Speed Ethernet (HSE) und IDA (Interface for distributed Automation). Alle vier Lösungen setzen auf Fast Ethernet (Switch Technologie) und der Nutzung der Standard-TCP-IP-Protokollsuite mit IP, TCP und UDP auf. Die Anwendungsschicht, das Objektmodell, die Stecker- und die Verkabelungstechnik sind unterschiedlich [2].
Die wesentliche Anforderung seitens der oben genannten Gremien ist die herstellerübergeifende Offenheit und Interkonnektivität. Die Forderungen von zwei

Gremien, dem Fokusprojekt 3 und dem NAMUR AK 2.8 sollen im folgenden genauer erläutert werden.

Das Fokusprojekt setzt sich aus Herstellern, Anwendern und Wissenschaft zusammen und hat als wesentliche Struktur der Forderungen die folgende Zusammenstellung erarbeitet.

- Projektieren und Engineering
- Steuerung (Prozess)
- Prozessführung
- Problemkreis
  - Netzwerk
  - Sicherheit
  - Personen
  - Geräte und Komponenten
- Diagnose und Wartung
- Bedienen & Beobachten.

Der Aspekt des Netzwerks ist in Abb.1 dargestellt. Die wesentlichen Aspekte sind die Frage des Echtzeitverhaltens und der Durchgängigkeit mit dem Ziel auf die gesamte Gerätevielfalt aller Anbieter zurückgreifen zu können und die Einschränkung der bisherigen fehlenden Verfügbarkeit der Geräte für alle Bussysteme aufzuheben.

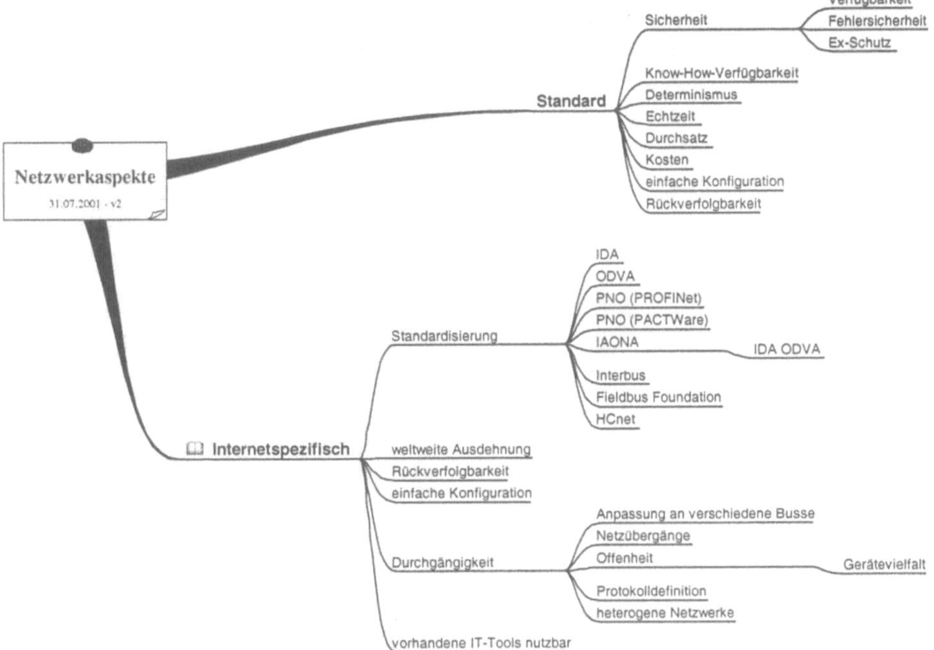

Abb.1. Netzwerkaspekt aus der Arbeitssitzung des Fokusprojektes 3 der GMA

Der NAMUR AK 2.8 hat als Anforderungen ähnliche Aspekte definiert und zu den wichtigsten Anforderungen (Netzwerk, physikalische Teilnehmer des Netzwerkes, die Benutzer- und Rechteverwaltung sowie die Daten und Informationssicherheit) jeweils eine Leitfrage formuliert:

- Netzwerk

  Welcher eineindeutig identifizierbare physikalische Teilnehmer war zu welchem Zeitpunkt im Netzwerk vorhanden und für welche Aufgaben eingesetzt bzw. freigegeben.

- physikalische Teilnehmer Netzwerk

  Im Sinne von Audit-Trail-Funktionalität: Welche Parameter und Konfigurationen hatte der gemäß Netzwerk eineindeutig identifizierbare Teilnehmer zu welchem Zeitpunkt? Wer hat wann diese Parameter und Konfigurationen wie verändert?

- Benutzer- und Rechteverwaltung

  Wer hat bzw. hatte zu welchem Zeitpunkt welche Rechte zur Beeinflussung des Prozesses bzw. der Netzwerk- und Teilnehmer-Konfiguration?

- Daten- und Kommunikationssicherheit

  Sind die Daten und Informationen, die ausgetauscht wurden, tatsächlich auch diejenigen, die als Rohdaten erzeugt und anschließend aufbereitet wurden bzw. sind diese auch korrekt beim Empfänger angekommen?

  Wer hatte das Recht diese Daten zu bearbeiten, zu beeinflussen oder zu verändern und hat wann wie davon Gebrauch gemacht?

Die Zusammenstellung des GMA-Fokusprojekts zeigt in Übereinstimmung mit dem AK 2.8 der NAMUR die Aspekte Projektierung/Engineering, Bedienen und Beobachten, Diagnose/Wartung/Service sowie den Betrieb mit den Problemen der Sicherheit des Netzes, der Teilnehmerverwaltung, der Benutzerverwaltung und der Geräte und Komponenten.

Die Vorhersagbarkeit und die Dokumentierbarkeit der eintretenden Zustände sind wesentliche Forderungen.

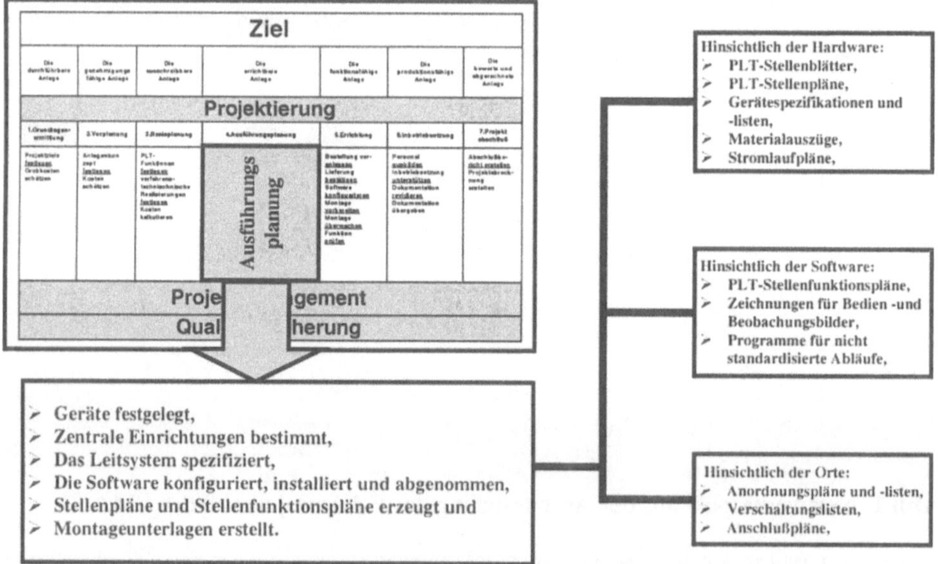

Abb.2. Vorgehensmodell der NAMUR (in Anlehnung an [4])

Der Vorteil des weltweiten Engineerings bzw. des weltweiten Zugriffs auf Engineeringdaten steht der Gefahr einer Manipulation und fehlenden Audit-Tracking-fähigen Dokumentierbarkeit gegenüber.
Die Vorteile des web-basierten Engineerings und der Erwartung aus Betriebssicht sollen im folgenden betrachtet werden.

3. Web-basiertes Engineering

Aus der Vielzahl der Lebenszyklusmodelle soll hier ein anwendungsorientiertes Modell aus der chemischen Industrie zur Erläuterung der verschiedenen Tätigkeiten und Dokumente herangezogen werden: NAMUR-Vorgehensmodell [4] (dargestellt in der Phase der Ausführungsplanung).
Die wesentlichen für die Betriebsbetreuung (inkl. Maintenance) erzeugten Dokumente sind die PLT-Stellenpläne und Stellenfunktionspläne ebenso wie der Stromlaufplan und die Stückliste.
Die Forderung an Intranet-Techniken bzw. für die weltweite Anwendung auch Internet-Techniken (mit Kunden und anderen Unternehmen) ist der transparente Datendurchgriff auf alle Engineeringdaten.

Abb.3. Unterstützungsfunktionen von CAE-Systemen für die Betriebsbetreuung im Wartungsfall

Im folgenden sei ein Wartungsszenario beschrieben, welches die notwendigen Dokumente im Kontext zeigt (Abb. 3).
Zur besseren Verständlichkeit soll eine typische Unterstützungssituation erläutert werden.

3.1 Wartungsszenario

In einer Anlage zur Erzeugung von Span- und Faserplatten weist an einer Heizpresse ein Proportionalventil zur Regelung der Heizungstemperatur ein Fehlverhalten mit dem im folgenden beschriebenen Symptom auf.
Obwohl das Ventil im Rahmen der Regelungsvorgänge angesteuert wird (Öffnungsgrad soll geändert werden), verändert sich die Öffnung des Ventils nicht. Das Fehlverhalten ist auf der Visualisierung der Presse zu sehen, d.h. der Öffnungsgrad bleibt identisch.

Abb. 4. Use case der Fehlersuche

Die in Frage kommenden Fehlerursachen sind vielfältig:

- Programmfehler in dieser Schleife/Zustand
- Ventil defekt
- I/O-Karte defekt (Einlesen der Stellung oder Ansteuerung des Ventils)
- Verkabelung defekt.

Um die Ursache zu finden, kommen ebenso verschiedene Vorgehensweisen in Frage. Im folgenden ist eine mögliche Vorgehensweise als Use Case genauer beschrieben. Zunächst wird das Ventil von der Bedienebene geforced, d.h. auf einen bestimmten Wert gesetzt (z.B. 10% Öffnung). Um diese Bedienhandlung korrekt ausführen zu können, ist für den ungeübten Benutzer bereits die Unterstützung durch die Dokumentation (Sensornummer, Ausgangskarte für diesen Sensor) notwendig. Und zwar in der Form, dass über die Eingabe der PLT-Stellennummer (oder einer vergleichbaren eineindeutigen Kennung) die zugehörige Ausgangskarte gefunden wird. Bei dem vorliegenden Fehler wird die Ventilstellung auf dem Bildschirm nicht verändert. Daraus kann geschlossen werden, dass es sich nicht um den Regler handelt der den Fehler aufweist, sondern um den Aktor.

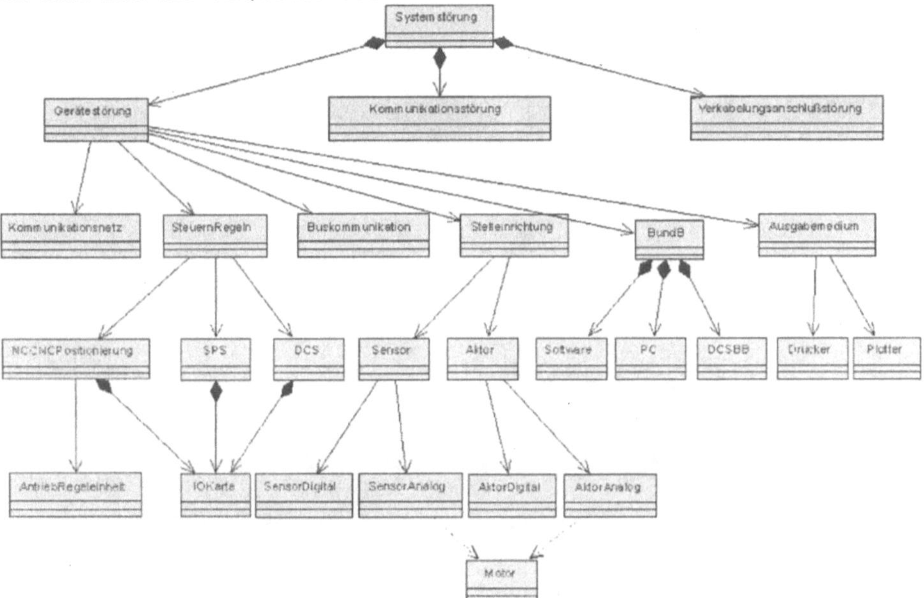

Abb.5. Detaillierte Darstellung der Störungsarten als Teilaspekt der Maintenance-Aspekte

Im nächsten Schritt wird das Ventil vor Ort visuell überprüft. Dazu muss zunächst der Ort des Ventils und seine Kennzeichnung (falls nicht die PLT-Stellennummer) gefunden werden. Dazu wird z.B. das R&I-Schema bzw. der Aufstellungplan benutzt und eventuelle Querreferenzen.

Bei der Inspektion des Ventils nach dem Abnehmen der Abdeckung wird der Anschluss des Potentiometers für die Öffnungspositionserfassung geprüft, dazu wird das Datenblatt des Herstellers mit Beschaltungsplan benötigt. Der Fehler ist gefunden: Das Potentiometer ist nicht mehr richtig angeschlossen (und zeigt Position 100%).

Zur systematischen Beschreibung von Szenarien wurde einerseits eine Geräteklassifizierung durchgeführt (Abb. 5) und andererseits die allgemeine Vorgehensweise als use case modelliert (Abb. 4).

Das gewählte Beispiel hätte auch über einen Weg gelöst werden können, dann wären im zweiten Schritt direkt die Belegungen der Ein-/Ausgangskarten und der Stromlaufplan notwendig gewesen. Die Vielzahl der Fehlerkombinationsmöglichkeiten bei Einbeziehung der Software sei hier nur erwähnt.

Dieses Beispiel sollte lediglich zeigen, welche Dokumente bei einem einfachen Hardwarefehler bereits notwendig sind, um eine Störung zu finden und zu beheben.

Vor diesem Hintergrund wird der notwendige Zugriff auf alle Engineeringdaten (CAE, Software, Bedienen und Beobachten) verständlich. Dabei ist die Art der Störung zu unterscheiden. Die Störungssuche ist nicht der einzige Fall in dem der Zugriff auf diese Daten notwendig ist, ebenso gilt dies für die Wartungsfälle und Erweiterungen.

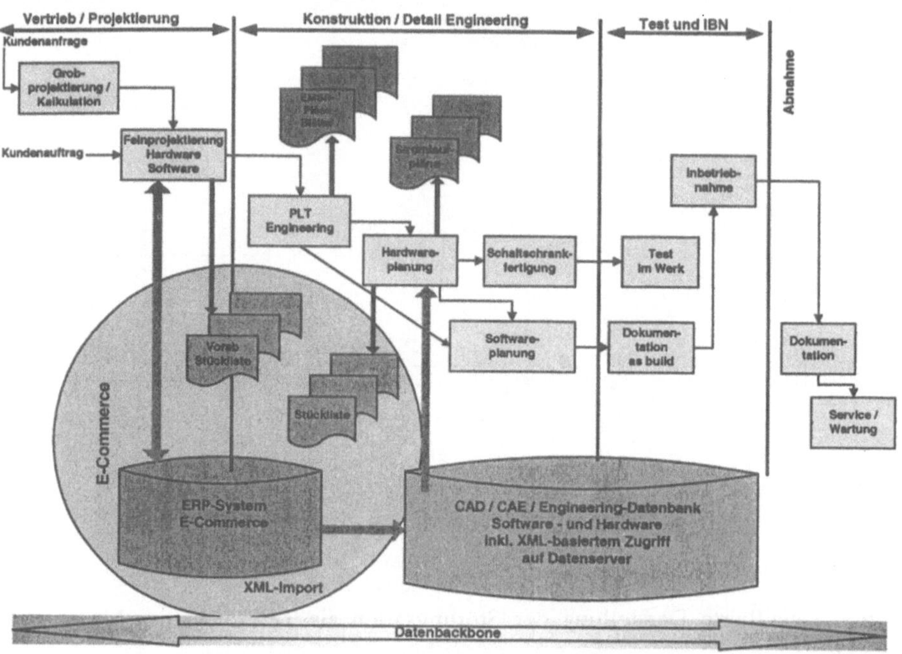

Abb.6. Datenintegration entlang des Systemlebenszyklus in der Automatisierungstechnik des Maschinen- und Anlagenbaus

Die Forderung an Intranet-Techniken bzw. an Internet-Techniken für die weltweite Anwendung (mit Kunden und anderen Unternehmen) ist der transparente Datendurchgriff auf alle Engineeringdaten. Dabei ist der lesende Zugriff unabdingbar, der Schreibende im Sinne von Redlining für bestimmte Nutzergruppen gewünscht, während vom schreibenden Zugriff auf die Originaldaten nur in Einzelfällen Gebrauch gemacht wird.

3.2 Datenaustausch zwischen allen Engineering-Systemen

Um diese Transparenz zu erreichen, sind genormte Schnittstellen notwendig. XML-basierter Datenaustausch ist ein Ansatz dazu (Abb.6).

3.3 Rolle von eCl@ss zur Einbindung von Gerätedaten

Die Anbindung der kaufmännischen Aspekte ist eine notwendige Forderung, beispielsweise die Beschaffung alternativer Geräte bei Abkündigung des bisherigen Gerätes.

In diesem Zusammenhang bietet sich die Materialklassifikation des Instituts der deutschen Wirtschaft namens eCl@ss [5] an. International sind eine Vielzahl anderer Klassifizierungsansätze vorhanden (UNSPSC [6], ECAD-Bauteilenorm [7] u.a.m.). Mit Hilfe einer vier-stufigen Merkmalsklassifizierung kann für ein Gerät der „Automatisierungstechnik, Elektrotechnik, PLT" die entsprechende Untergruppe gesucht und die Sachmerkmalsleiste mit den für dieses Gerät vereinbarten Kriterien gefunden werden. Mit Ausfüllen der Kriterien kann dann auf einem Marktplatz, der die eCl@ss-Klassifizierung benutzt, jedes Gerät, welches dieser Beschreibung entspricht gefunden und bestellt werden.

Wesentliche deutsche Endkunden haben sich für eCl@ss entschieden und verwenden es auch als interne Klassifikation in ihren ERP-Systemen.

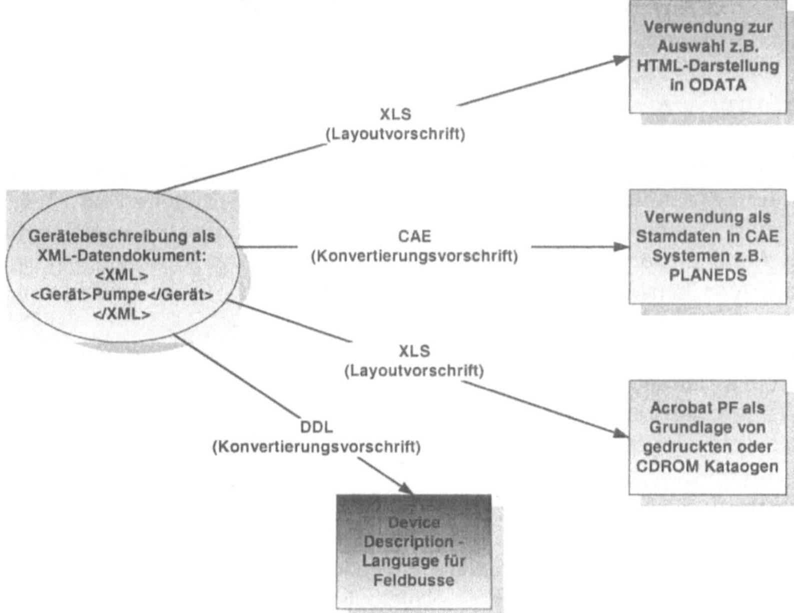

Abb. 7. Integration auf Basis von XML (in Anlehnung an [8])

Für das Engineering ist allerdings wesentlich interessanter, dass auch CAE-relevante Daten über diesen Mechanismus verfügbar gemacht werden können, wie CAE-Markos der Geräte sowie Abmessungsdaten usw. Eine Integration wäre über Mechanismen wie XML möglich. Verschiedenste XML-basierte

Datenaustauschformate (Automatic Control Markup-Language, AconML [9]) werden zur Zeit definiert, eine gemeinsame Definition ist zur Zeit noch nicht abzusehen.

4. Zusammenfassung und Ausblick

Zur Präzisierung der Diskussion ist zwischen den Begriffen Ethernet, Intranet und Internet zu unterscheiden. Die gewünschte Offenheit und Durchgängigkeit ist theoretisch durch Ethernet für die Automatisierung einer Anlage, mit Intranet für die Kommunikation in einem Werk und mit Internet zum verteilten Engineering an verschiedensten Standorten sowie zum Remote-Zugriff im Diagnosefall vorteilhaft.

Die Standardisierung der Anbindung von Automatisierungsgeräten ist möglich, aber nicht Stand der Technik. Verschiedene Interessengemeinschaften arbeiten in diesem Feld.

XML-Technologien bieten die Basis aber nicht die Lösung aufgrund fehlender Datenaustauschformate, sowohl im Falle der Kopplung der kaufmännischen an die technische Welt als auch innerhalb der technischen Welt.

Mit XML besteht die Chance den Datenaustausch entlang der Prozesskette des Engineerings zu vereinheitlichen, dazu ist jedoch ein Wille aller Hersteller zum Datenaustausch erforderlich. Diese Aufgabe ist noch nicht gelöst.

5. Literaturverzeichnis

1. Braune, A.; Polzer, K.: Internettechnologien in der Meß- und Automatisierungstechnik. In: Automatisierungstechnik im Spannungsfeld neuer Technologien: Tagung Baden-Baden, 22./23.Mai 2001/VDI/VDE-Gesellschaft Mess- und Automatisierungstechnik., Düsseldorf, VDI-Verlag, 2001
2. Pöschmann, A.: Chancen und Nutzen von Ethernet-TCP/IP in der Automation. In: siehe 1.
3. Bettenhausen, K.D.: Anforderungen zur Nutzung von Internettechnologien in der Prozessautomatisierung. In: siehe 1.
4. Ahrens, W.: Informationsorientierte Leittechnik: Informatikmethoden angewandt auf leittechnische Fragestellungen. München, Wien, Oldenbourg, 1997.
5. www.eclass.de
6. www.unspsc.org
7. Wrobel, G; Butzek, A.; El Daoud, M.: Konzeption, Aufbau und Realisierung einer Bauteiledatenbank für die Schaltanlagenkonstruktion. In: Schäfer, D.; Roller, D.: Elektrotechnik CAD: Neue Technologien, Anwendungen, Systementwicklungen, Zukünftige Trends, Aachen, Shaker 2001.
8. Buchner, H; Rauprich, G; Ahrens, W.: Was bring XML der Prozessleittechnik – Buzzword oder informationstechnischer Backbone für eCommerce, Planung und Betriebsbetreuung, atp 42(2000) Heft 9, S. 51 – 62.
9. Gabel, O.: Internet-basiertes Fernleiten und Ferninstandhalten mit der AconML.In: siehe 1.

Das Clausthaler Labor für "Plant Design and Virtual Manufacturing"

P. F. Elzer, K.-H. Sauermann

Institut für Prozeß- und Produktionsleittechnik (IPP)
Technische Universität Clausthal (TUC)
Julius-Albert-Str. 6
38678 Clausthal-Zellerfeld, Deutschland
{elzer, karl}@ipp.tu-clausthal.de

1   Einleitung

"Rapid Prototyping", "Computer Supported Cooperative Work", die "Virtuelle Fabrik" sind heute in der industriellen Praxis nicht mehr nur Schlagworte oder Laborprojekte, sondern - besonders in multinationalen Konzernen - Realitäten der Arbeitswelt. [VDI-01] Es ist also notwendig, diese Techniken bereits frühzeitig in der Ingenieurausbildung anzuwenden und den Umgang damit einzuüben.

Andererseits sind aber noch nicht alle mit den "Neuen Techniken" zusammenhängenden technischen, arbeitsorganisatorischen und ergonomischen Probleme gelöst, was ein weites Feld für die Forschung eröffnet.

Deshalb wurde im Rahmen des Informationstechnischen Zentrums (ITZ) der TUC aus Mitteln der Innovationsoffensive des Landes Niedersachsen (Az.: 14-77010/1/P 54) ein campusweites und institutsübergreifendes "Clausthaler Labor für Fabrikplanung und virtuelle Fertigung", kurz "Clausthaler Virtuelles Labor", eingerichtet.

2   Struktur

Das "Clausthaler Virtuelle Labor" besteht aus realen und virtuellen Teillabors, die über den gesamten Campus der TUC verteilt und durch das Datennetz zu einem einheitlichen Ganzen verschmolzen sind. Diese Einbeziehung realer Versuchsanlagen unterscheidet das Clausthaler Virtuelle Labor von anderen "Virtuellen Laboren", die im Prinzip nur räumlich verteilte Computersimulationen darstellen. Damit können verschiedene Zusammenarbeitsformen erprobt werden:

1   Geografisch getrennte Arbeitsgruppen arbeiten gemeinsam am gleichen virtuellen Modell (z.B. einer Fabrik), wobei ihnen jederzeit der aktuelle Zustand des gesamten Modells gleichzeitig dargestellt wird.

2   Die Arbeitsgruppen arbeiten jeweils gemäß ihren Aufgaben an verschiedenen Komponenten oder speziellen Aspekten des Modells. Alle erhalten jedoch jederzeit den aktuellen Zustand des gesamten Modells gleichzeitig dargestellt.

3   Einige Arbeitsgruppen arbeiten an realen Geräten oder Anlagen, andere an virtuellen Modellen. Die realen Anteile werden über Kameras erfaßt und in die virtuellen Anteile eingeblendet. Alle Teilnehmer erhalten jedoch den aktuellen Zustand des Gesamtsystems gleichzeitig dargestellt.

4   Die Formen 1 bis 3 werden durch Videokonferenzmöglichkeiten ergänzt, die eine lebensgroße Darstellung der zusammenarbeitenden Personen ermöglichen.

Dafür werden außer hochwertigen CAD Arbeitplätzen noch folgende Techniken eingesetzt:

- 2 Großprojektionsräume (einer als "Cave" mit stereoskopischer Darstellung, der andere als 180° Rundumprojektion),
- Workbench und Planungstisch,
- über Netz steuerbare Kamerasysteme,
- Head Mounted Displays für Darstellungsoptionen, die für Projektion schlecht geeignet sind,
- verschiedene Trackingsysteme, Force-Feedback-Eingabegeräte, etc.

Folgende Institute sind daran beteiligt:

1	Elektrische Energietechnik (IEE)	Prof. Dr.-Ing. H.-P. Beck
2	Elektrische Informationstechnik (IEI)	Prof. Dr.-Ing. U. Konigorski
3	Informatik (IfI)	Prof. Dr. G. Joubert
4	Masch. Anl.technik und Betr.festigkeit (IMAB)	Prof. Dr.-Ing. U. Bracht
5	Maschinenwesen (IMW)	Prof. Dr.-Ing. N. Müller
6	Prozeß- und Produktionsleittechnik (IPP)	Prof. Dr.-Ing. P. Elzer
7	Rechenzentrum (RZ)	Dr. G. Lange

Sie sind über eine Fläche mit ca. 1 km Radius verteilt.

Eine entscheidende Voraussetzung für die verteilte Aufgabenbearbeitung an den beteiligten Instituten und Zusammenführung der Einzelbeiträge in ein Endprodukt ist also eine leistungsfähige Datenübertragung zwischen allen Partnern. Hochschulweit sind deshalb alle Gebäude durch ein Glasfasernetz verbunden. Die aktiven Netzkomponenten erlauben Hochgeschwindigkeitsübertragungen bis hin zu dedizierten Verbindungen für Anwendungen im VR-Bereich. Durch den Anschluß der TUC an das Landeswissenschaftsnetz Nord und einen Übergang in das Breitbandwissenschaftsnetz des DFN-Vereins sind die notwendigen Voraussetzungen zur direkten Kopplung mit VR-Laboren in anderen Einrichtungen (auch auf internationaler Basis) gegeben. Abb. 1 gibt einen Überblick über die Gesamtstruktur.

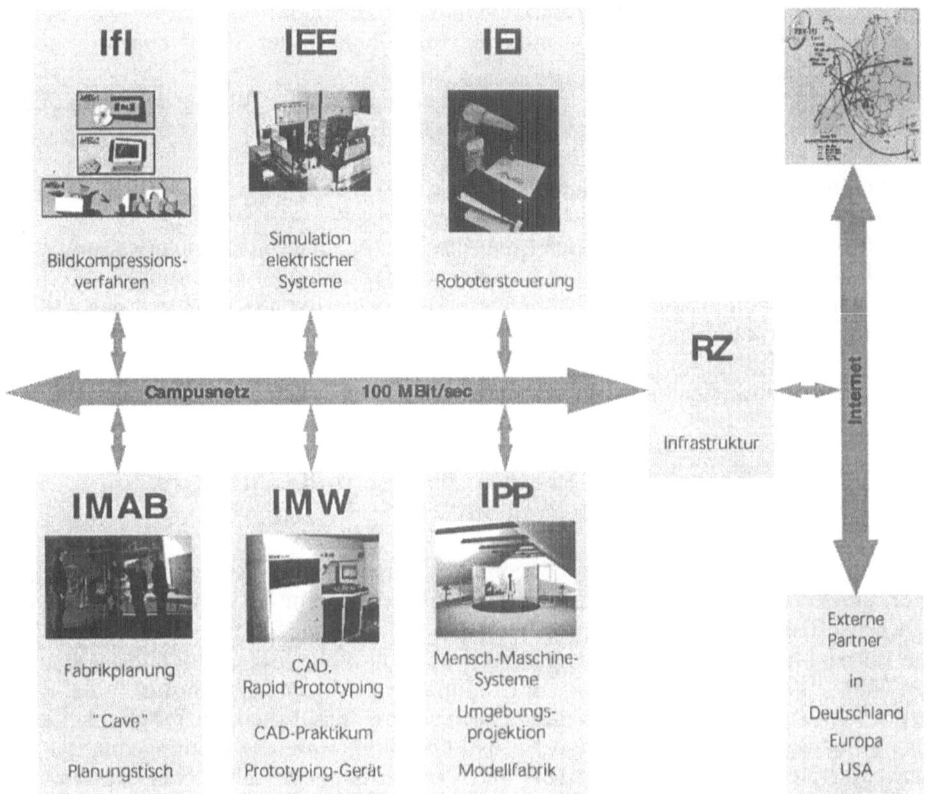

Abb. 1: Schema der Gesamtstruktur des "Clausthaler Labors"

3 Aufgabenstellung

3.1 Allgemeines

Das übergeordnete Ziel des "Clausthaler Labors" ist es, alle Arbeitsprozesse bei der Entwicklung von Maschinen und Anlagen zu unterstützen. Dies beginnt beim Entwurf und reicht bis zum fertigen Prototyp. Weiterhin werden z.B. Aspekte der Mensch-Maschine-Kommunikation oder energetische Bilanzen untersucht. Gleichzeitig ist ständig eine "on-line virtuelle Erprobung" der Ergebnisse möglich. Damit können in Zukunft Planungsfehler auf ein Minimum reduziert und ein wesentlicher Beitrag zur Erhöhung der Sicherheit technischer Anlagen geleistet werden. Gleichzeitig wird ihre ergonomische Qualität entscheidend verbessert.

Schwerpunkte der Arbeit am Clausthaler Virtuellen Labor im Bereich Lehre und Forschung sind auf der Basis der bisherigen Arbeiten der beteiligten Institute:

- Modellerstellung vom Einzelteil bis zur kompletten Werkhalle,
- Simulation von Materialfluss-, Produktions-, und Logistiksystemen,

- Planung von Bauvorhaben (Produktion und Sozialbereich),
- virtuelle Versuchsaufbauten mit der Möglichkeit der Fernsteuerung über Datennetz,
- begehbarer virtueller Raum – Positionserkennung und Bewegungsbewertung des Operators,
- 3D- Visualisierung von Prozeßdaten,
- 3D-CAD –räumliche Darstellung (Stereoskopie),
- Kopplung der Modelle mit akustischen Signalen,
- Echtzeitsimulation einschließlich Menüführung, Animation, Datenverwaltung,
- Echtzeitaspekte der Kopplung (z.B. Datentransfer und Komprimierung),
- Arbeitspsychologische Untersuchungen zu Aspekten von CSCW und der Arbeit in virtuellen Räumen.

Einige dieser Schwerpunkte sollen im Folgenden näher erläutert werden.

3.2 Rechnergestützte Projektierung und Modellierung von Verfahren und Anlagen

Die unter diesen Begriffen zusammengefaßten Vorgehensweisen werden immer wichtiger, um Verfahren und Anlagen (d.h. technische Systeme im Allgemeinen) besser, sicherer, effizienter, umweltverträglicher, etc. zu machen. Sie tragen auch dazu bei, den Entwicklungsprozeß zu beschleunigen und teure physische Modelle zu sparen. Die MM- und VR-Technologien sind dafür sehr wirksame Hilfsmittel. Vor allem bieten sie bisher nie gekannte Gestaltungs-, Erlebnis- und Erkenntnismöglichkeiten in der Planungsphase. Davon ist eine wesentliche Steigerung der Planungsqualität und damit der Benutzbarkeit, Sicherheit und Zuverlässigkeit technischer Systeme zu erwarten.

Das Kennenlernen und eigenständige Anwenden dieser Planungstechniken ist also für Studierende von großer Bedeutung. Bezüglich Forschung und Entwicklung ist ein wesentlicher Motivationsschub dadurch zu erwarten, daß Qualität und Verfügbarkeit der bisher in der "Internet-Szene" üblichen Arbeitsmittel bis an ihre Grenzen belastet und ausgetestet werden. Davon sind entsprechende Anstöße für ihre Weiterentwicklung zu erwarten.

3.3 Überwachung und Steuerung technischer Systeme

Heutige technische Prozesse sind meist sehr komplex und hoch automatisiert. Ihre Steuerung und Überwachung geschieht weitgehend dezentral. Somit sind sie nicht ohne weiteres überschaubar. Dies führt z.B. beim regulären Betrieb - der laufenden Überwachung und Steuerung des Prozesses - dazu, daß das Bedienpersonal immer weniger in die "reale" Umgebung integriert wird. Zur Kompensation dieses Defizites, zur Erleichterung der Aufgaben des Bedienpersonals bei besonders großen technischen Prozessen (wie z.B. Kraftwerken, chemischen Anlagen usw.) und zur Vermeidung von Bedienfehlern werden mehr oder minder hochentwickelte Mensch-Maschine-Schnittstellen und Unterstützungssysteme eingesetzt. Deren Ziel ist es im allgemeinen, Fehler bei der Erkennung und Klassifikation von Prozeßzuständen sowie Fehler bei der Planung und Ausführung der Prozeßeingriffe zu verringern und - soweit möglich - zu vermeiden.

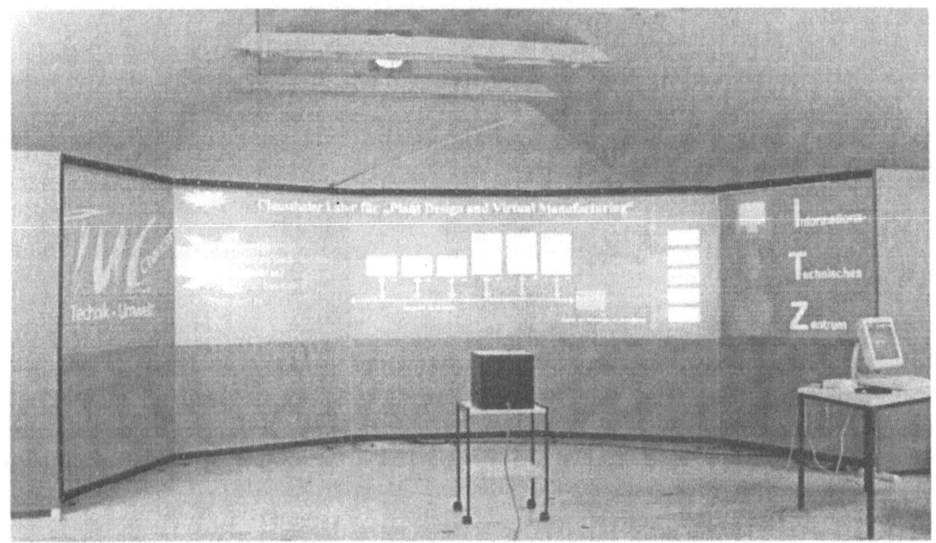

Abb. 2:   Rundumprojektion und Positionserkennung im Integrationslabor des IPP

Die Handhabbarkeit und Wirksamkeit neuentwickelter Mensch-Maschine-Schnitt-stellen muß durch eingehende Versuche - "Usability-Tests" - erprobt und bewertet werden. Dafür stellt ein verteiltes Labor ein hervorragendes Arbeitsmittel dar, da es die Teilnehmerbasis für solche Versuche deutlich verbreitert. Andererseits sind innerhalb des verteilten Labors Stellen nötig, an denen alle Techniken und Aspekte des Baues neuzeitlicher Mensch-Maschine-Schnittstellen integriert und erprobt werden können. Ein solches Integrationslabor wurde am IPP der TUC eingerichtet. Abb. 2 zeigt einen Ausschnitt davon.

3.4   Inbetriebnahme und Wartung technischer Systeme

Bei der Inbetriebnahme bzw. beim An- und Abfahren einer Anlage (z.B. für Wartungs-zwecke) werden hohe Anforderungen an die Beteiligten - die Anlagenbauer und das eigentliche Bedienpersonal der Anlage - gestellt.

So werden manche Planungsfehler erst bei der Inbetriebnahme entdeckt, da sie bei der Planung und beim Bau einer Anlage u.U. nicht vorhersehbar waren. Dies kann durch die Nutzung von Simulationstechniken vermieden werden. Ein entsprechender Simulator muß aber nicht "vor Ort" vorhanden sein, sondern kann über das Internet zu-geschaltet werden.

Ein anderer Fall ist die Bereitstellung des Anfahrpersonals für eine neu errichtete Anlage. Sie bedarf umfangreicher planerischer und organisatorischer Vorbereitungen. Dies gilt auch, wenn die Anlage vor bzw. nach regelmäßigen Wartungsarbeiten ab-

bzw. angefahren werden muß. Diese Vorgänge sind eine schwierige und langwierige Angelegenheit und u.U. risikoreich.

Der Schulung des Bedienpersonals kommt dabei eine vitale Bedeutung für den erfolgreichen Verlauf zu. Dies gilt besonders, wenn das Bedienpersonal ohne Unterstützung des Anlagenbauers zum ersten Mal auf sich selbst angewiesen ist. Hier ist von einer intensiven Kopplung - unter Ausnutzung aller Möglichkeiten des Internets - zwischen Inbetriebnahme- und Entwicklungsmannschaft eine wesentliche Verbesserung der Situation zu erwarten.

3.5 Multimediale Darstellung von technischen Sachverhalten und Arbeitsergebnissen

Diese werden in Technik und Industrie zu einem immer wichtigeren Lehr- und Arbeitsmittel. Ein Anwendungsgebiet ist z.B. die Visualisierung von naturwissenschaftlichen und technischen Sachverhalten oder Arbeitsergebnissen, ein anderes Betriebs- und Wartungsanleitungen. Zum einen müssen deshalb derartige Darstellungsformen für die Unterstützung der Lehre entwickelt werden, zum anderen müssen Studierende lernen, sie selbst zu entwickeln.

4 Zu erwartende Vorteile

Die dargestellte Organisationsform hat eine Reihe von Vorteilen. Es handelt sich um eine geografisch verteilte - und damit potentiell überregionale, ja sogar internationale - Struktur, bei der aber bestehende regionale Einrichtungen genutzt werden und in ihrem lokalen Umfeld verankert bleiben. Deshalb fallen Diskussionen über Standort, Gebäude oder Führungspositionen weg, die sonst bei der Gründung von gemeinsamen (speziell europäischen) Einrichtungen für große Reibungsverluste sorgen. Auch die für Baumaßnahmen anfallenden Mittel werden weitestgehend eingespart.

Anders ausgedrückt wurde mit dem Clausthaler Virtuellen Labor der Kern eines "europäischen Forschungsverbunds neuen Typs" geschaffen, dessen Lebensdauer über die bei der bisherigen Projektförderung üblichen drei bis fünf Jahre hinausgeht. Dadurch wird einmal aufgebautes know-how nicht wie bisher nach Beendigung eines "Projektes" zerschlagen, sondern bleibt erhalten. Die Verwertung von Ergebnissen ist z.B. dadurch sichergestellt, daß das Eigeninteresse der einzelnen Teilnehmer an lokaler Nutzung der gemeinsam erzielten Ergebnisse erhalten bleiben kann, ohne die gemeinsame Arbeit zu beeinträchtigen.

Weiterhin können die Mitarbeiter in ihrer regionalen Umgebung verbleiben, aber auch, falls nötig, andere Forschungsstellen des Verbundes besuchen. Viele kleine Probleme können ohne Zeitverzug durch Telekonferenzen gelöst werden, wodurch ein großer Teil der Reisetätigkeit entfällt. Durch die enge Kopplung der einzelnen Forschungsstellen entsteht andererseits eine neue Qualität des internationalen Charakters der Zusammenarbeit.

5   Bisher erreichter Stand

Beim Aufbau der internationalen Struktur konnten langjährige Kontakte zu den Universitäten von Loughborough und Durham in Großbritannien genutzt werden, die schon im Rahmen des von der EU geförderten COPES-Projektes [GRE-98] zu gemeinsamen Arbeiten führten.

Am weitesten ist die Zusammenarbeit mit der Universität von Loughborough gediehen. Es wurde ein gemeinsames Projekt begonnen, das sich mit der Fernüberwachung und -steuerung von verfahrenstechnischen Anlagen über das Internet befaßt. Seitens der TUC wird die am IPP eingerichtete Modellfabrik zur Verfügung gestellt. Die englische Seite arbeitet an den sicherheitstechnischen Problemen der Fernbedienung, beide Institute an speziellen Aspekten der dafür notwendigen Mensch-Maschine-Schnittstelle. Die Arbeiten in Loughborough selbst werden vom British Research Council gefördert. Das Projekt ist eingebettet in eine Vereinbarung über gemeinsame Studienangebote und einen Austausch von Studierenden im Rahmen des Erasmus/Sokrates-Programms. Abb. 3 illustriert die Zusammenarbeitsstruktur und Aufgabenverteilung.

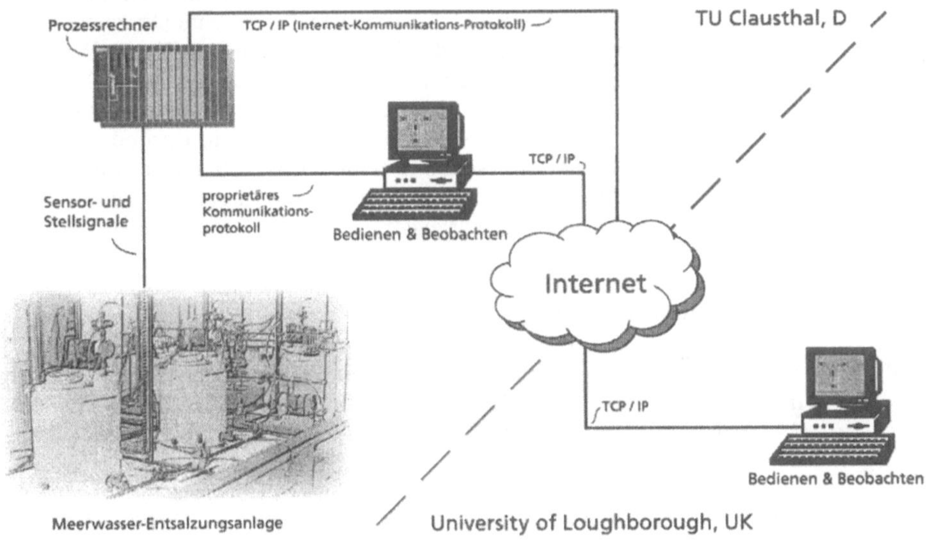

Abb. 3:   Aufgabenverteilung zwischen der TUC und der Universität Loughborough

Mit der Universität in Durham wurde ebenfalls eine Vereinbarung über den Austausch von Studierenden und gemeinsame Studienangebote unterzeichnet. Ein gemeinsames Projekt ist in der Konzeptphase.

Mit anderen Forschungsstellen in Europa laufen schon seit einigen Jahren Verhandlungen in Bezug auf gemeinsame Projekte. Diese werden sich in naher Zukunft konkretisieren, da mit dem Clausthaler Labor jetzt die technischen und orgenisatorischen Grundlagen gelegt sind.

Inhalt der bisher durchgeführten Versuche waren hauptsächlich die besonderen Probleme geografisch weit verteilter Zusammenarbeitsformen. Dabei wurden einige Schwachstellen aufgedeckt, die in dieser Form nicht erwartet worden waren. An Lösungen wird gearbeitet.

Kopplungsversuche nach USA ("center for advanced visual studies" am MIT) verliefen überraschend ermutigend, wenn dabei auch die reale Zeitdifferenz den Zusammenarbeitsphasen natürliche Grenzen setzt.

Zum Schluß sei angemerkt, daß die dargestellte Struktur offen ist für weitere Interessenten, die auf Gegenseitigkeitsbasis an diesem zukunftsweisenden Großversuch teilnehmen möchten.

6   Zusammenfassung und Ausblick

Mit der Einrichtung des "Clausthaler Labors" wurde gezeigt, daß es auch an einer kleinen Universität möglich ist, durch Bündelung der Ressourcen eine Einrichtung zur Unterstützung von Forschung und Lehre zu schaffen, die im nationalen und internationalen Vergleich voll wettbewerbsfähig ist. Sie eröffnet eine neue Dimension der Kooperation zwischen Forschungsstellen und erlaubt es so den beteiligten Wissenschaftlern, innovative Beiträge zu wissenschaftlich interessanten und wirtschaftlich relevanten Themen wie der digitalen Fabrik, Rapid Prototyping, vernetzte Unternehmensführung, sicheren Mensch-Maschine-Systemen, etc. zu liefern. Besonders wichtig ist aber die Möglichkeit, Studierende schon in relativ frühen Semestern in diesen zukunftsorientierten Techniken zu üben. Dies wird durch die Integration dieser Einrichtung in den regulären Lehrbetrieb gewährleistet.

7   Literaturhinweise

[VDI-01]   Automatisierungstechnik im Spannungsfeld neuer Technologien. Tagung in Baden-Baden, 22./23. Mai 2001/ VDI/VDE-Gesellschaft Mess- und Automatisierungstechnik. VDI-Berichte Nr. 1608, VDI-Verlag, Düsseldorf (2001).

[GRE-98]   Grethe, V.: Netzwerk für zukünftige Kooperationen - COPES führt europäische Wissenschaftler nach Clausthal. IMW-Institutsmitteilungen, Nr. 23, S. 153 - 154, Clausthal (1998).

Schutz von Automatisierungssystemen durch gerätetechnisch unterstützte Sicherheitsmaßnahmen

Robert Fitz und **Wolfgang A. Halang**

Fachbereich Elektrotechnik und Informationstechnik
FernUniversität
D-58084 Hagen
`Wolfgang.Halang@FernUni-Hagen.de`

1 Einleitung

In der rechnerintegrierten Fertigung werden zunehmend PCs als Prozessrechner
verwendet. Um Konvertierungen zu vermeiden, kommen oft populäre Windowsbasierte Betriebssysteme selbst für Steuerungsaufgaben zum Einsatz. Da derartige Systeme zur Zeit geradezu mit Angriffen überflutet werden, besteht auch
für Automatisierungssysteme ein erhebliches Risiko. Verschärft wird die Situation dadurch, dass fast jedes Unternehmen im Internet präsent ist und Firewalls
nicht in der Lage sind, das Intranet eines Unternehmens vor externen Angriffen
zu schützen. So besteht u.a. die Möglichkeit, einen Firewall zu „tunneln" [10].
Zu diesem Zustand ist es primär durch die schnellen, gut ausgebauten globalen
Kommunikationssysteme gekommen, die die rasche Verbreitung von Schädlingen ermöglichen. Wurde in früheren Jahren ein Schädling entdeckt, so hatten
die Unternehmen, die sich mit der Bekämpfung elektronischer Schädlinge befas-
sten, in der Regel genügend Zeit, ihre Produkte zu aktualisieren [1]. Während
die heutzutage gebräuchlichen Software-Produkte lediglich vor bereits bekannten elektronischen Schädlingen einen gewissen Schutz bieten, sind die meisten
Rechner neuen, noch nicht bekannten Schädlingen schutzlos ausgeliefert. Da laut
einer Studie des Bundesamt für Sicherheit in der Informationstechnik (BSI) [3]
monatlich circa 300 neue Schädlinge hinzukommen, raten einige Experten, die
installierte „Antiviren-Software" stündlich zu aktualisieren. Im Mai 2000 richte-
te gar ein einziger elektronischer Schädling namens „I love you-Wurm" laut [2]
weltweit einen Schaden von rund zehn Milliarden Dollar an, so dass die durch
elektronische Schädlinge verursachten Kosten für das Jahr 2000 auf weltweit 1,6
Billionen Dollar geschätzt werden [11].

2 Darstellung der Problematik am Beispiel des „I love you-Wurms"

Unter einem *Wurm* wird mindestens ein ablauffähiges Programm verstanden,
welches sich insbesondere über Netze in andere Rechner kopiert und sich dort

auch starten kann. Dadurch, dass ein *Wurm* kein Wirtsprogramm benötigt, unterscheidet er sich von einem Virus. Ein weiteres Unterscheidungsmerkmal ist, dass *Würmer* die Vernetzung von Rechnern für ihre Ausbreitung nutzen.

Der „I love you-Wurm", welcher am 4. Mai 2000 auftrat, verwendete die sehr leicht zu erlernende Programmiersprache *Visual Basic Script (VBS)* und konnte mit geringem Aufwand von jedem verändert werden, der den Schädling empfangen hatte und einen Editor bedienen konnte. Alle bekannten Schädlings-suchprogramme versagten bei seiner Erkennung und auch Firewalls boten keinen ausreichenden Schutz, so dass er ungehindert in viele Systeme eindringen konnte.

Dieser *Wurm* verwendete als Ausbreitungsart primär einen *elektronischen Brief*, welcher bei der ersten Variante in englischer Sprache gehalten war. Als *Betreff* wurde „*ILOVEYOU*" gewählt und als *Text* wurden die Worte: „*kindly check the attached LOVELETTER coming from me.*" verwendet. Die *Anlage* trug die Bezeichnung: „*LOVE-LETTER-FOR-YOU.TXT.vbs*". Die Dateierweiterung *.vbs* wird von vielen Programmen je nach Einstellung nicht angezeigt, wodurch die Anlage noch weniger verdächtig wirkte.

Voraussetzung für die korrekte Interpretation des Schädlingscodes war allerdings, dass ein Interpreter für *Visual Basic Script* auf dem befallenen System vorhanden war. Dies konnte beispielsweise der *Microsoft Internet Explorer* oder der *Windows Scripting Host (WSH)* sein. Da der *WSH* bei den Betriebssystemen *Windows 98* und *Windows 2000* automatisch installiert wird, war die Verbreitung speziell auf diesen Systemen besonders groß. Aber auch viele *Windows 95-* und *Windows NT-Systeme* waren durch die weite Verbreitung des *Microsoft Internet Explorers* betroffen. Der Schädling wurde aktiv, wenn der Empfänger die Anlage betrachten wollte und mit seinem Mauszeiger darauf klickte. Diese Methode ist allerdings nicht grundlegend neu, sondern wurde von anderen Schädlingen wie dem *Makrovirus Melissa* bereits am 26. März 1999 vorexerziert.

Hier setzt die erste zu behandelnde, gerätetechnisch unterstützte Sicherheits-maßnahme nach [9] an: Der Zugriff auf Kommunikationskomponenten wie z.B. Modems, ISDN- oder Netzwerkkarten muss zum Empfang elektronischer Post erlaubt sein, nicht aber bei deren Lesen oder Weiterbearbeiten. Hätten die ersten Empfänger des Schädlings beispielsweise ihr Modem nach dem Empfang der Post und vor dem Lesen selbiger, sprich vor dem Öffnen des Anhangs, abgeschaltet, hätte sich dieser *Wurm* wohl kaum ausbreiten können. Dieses Beispiel macht deutlich, dass elektronische Schädlinge oft Programme veranlassen, Betriebsmittel zu benutzen, die sie zur Erfüllung ihrer Soll-Funktionalität nicht oder zumindest nicht dauernd benötigen. Nun kann es einem Anwender aber nicht zugemutet werden, von Fall zu Fall Betriebsmittel abzuschalten, zumal dies bei herkömmlichen Datenverarbeitungsanlagen oft gar nicht möglich ist, sondern es müssen Maßnahmen kreiert werden, die den Anwender schützen, ihn aber nicht über Gebühr belasten oder einschränken. Lösbar sind alle diese Probleme, indem jedes Programm, jede interpretierbare Datei und jeder ausführbare Internet-Inhalt offenbart, welche Betriebsmittel zur Ausführung benötigt werden. Die Offenbarung der Soll-Funktionalität von Programmen ermöglicht dabei eine rationelle Installation von Grenzwerten zur Überwachung eines Systems. Durch diese Überwachung und die Sperrung aller zum jeweiligen Zeitpunkt nicht benötigten Betriebsmittel durch gerätetechnische Maßnahmen ist die Einhaltung der vorgegebenen Soll-Funktionalität sicher zu gewährleisten, denn in einem Installationsmodus, innerhalb dessen keinerlei Anwendungsprogramme auf Prozessoren, Speicher oder Kommunikationskomponenten zugreifen können, legt der Anwender die Grenzen des Betriebsmittelzugriffs fest. Erst im Anschluss daran ist eine Ausführung, unter ständiger gerätetechnischer Überwachung auf Grund der zuvor definierten Rahmenbedingungen, möglich. Für den gerade betrachteten konkreten Fall bedeutet dies, dass ein selbständig ablauffähiger Teil eines Programms für den Empfang elektronischer Post zuständig ist und ein weiterer für deren Weiterbearbeitung, d.h. das Anzeigen des Inhaltes und das Öffnen von Anhängen. Allein durch diese Maßnahme wären der „I love you-Wurm" und viele andere Schädlinge nie zum Ziel gekommen.

Viele Sicherheitslücken und Schäden entstehen aber auch durch Programmierfehler ohne Schädigungsvorsatz. Derartige Lücken werden ebenfalls durch Offenbarung der Soll-Funktionalität früher erkannt bzw. ihre schädlichen Auswirkungen werden vermieden.

2.1 Schadensfunktionen

Selbst die erste Version des Schädlings hatte eine ganze Reihe von Schadensfunktionen, auf die im Folgenden kurz eingegangen wird.

1. Wurde der Anhang durch Mausklick gestartet und damit der *Wurm* aktiviert, so modifizierte er als Erstes den Timeout-Eintrag der Registrierungsdatenbank des Betriebssystems, um nicht in Zeitnot zu kommen.
   Hier setzt eine Speichersegmentierungsmaßnahme nach [6] an, die sicher verhindert, dass ein unberechtigter Zugriff auf Speicherbereiche des Betriebssystems erfolgt. Dazu wird eine gerätetechnisch überwachte Speichersegmentierung eingeführt, welche Programme vor unerlaubter Modifikation schützt. Speziell in Automatisierungssystemen zur Steuerung von Prozessen mit konstanten Sollwertvorgaben oder Wertegrenzen müssen diese Werte gerätetechnisch schreibgeschützt gespeichert werden. Daraus folgt, dass der Massenspeicher einer Datenverarbeitungsanlage in mindestens zwei Segmente unterteilt wird. Zur Aufnahme sicherheitsrelevanter Programme und Daten (Betriebssystem, Dienstprogramme und deren Datenbasen, Anwendungsprogramme sowie konstante Sollwertvorgaben oder Wertegrenzen) ist dabei mindestens ein Bereich gerätetechnisch schreibgeschützt zu implementieren. In weiteren, nicht gerätetechnisch schreibgeschützten Bereichen werden Daten gespeichert, die erfahrungsgemäß häufigen Veränderungen unterliegen. Diese Bereiche können gleichzeitig zu Testzwecken verwendet werden. Dabei versteht es sich schon fast von selbst, dass die etwa ein halbes Jahrhundert alte und immer noch angewandte *von Neumann-Architektur* mit ihren minimalistischen Prinzipien für sichere Systeme indiskutabel ist, da sie keine Trennung von *Daten* und *Befehlen* vorsieht und damit nicht erlaubt, beide Informationsarten optimal zu schützen. Die *Harvard-Architektur* sieht diese

Trennung bis zur Registerebene hinunter vor und bietet sich daher als Grundlage an, zumal diese Architektur sowohl separate Adressbusse zur Auswahl der Speicherinhalte, einen für Befehle (*Befehlsadressbus*) und einen für Daten (*Datenadressbus*), als auch getrennte Busse zum Transport der Speicherinhalte, einen für Befehle (*Befehlsbus*) und einen für Daten (*Datenbus*), vorsieht. Durch die Vermeidung des *„von Neumann-Flaschenhalses"* sind solche Anlagen nicht nur sicher gegen Eindringlinge, sondern auch leistungsfähiger als herkömmliche Rechner.

2. Danach kopierte der Schädling sich selbst unter Verwendung der Dateinamen *MSKernel32.vbs*, *Win32DLL.vbs* und *LOVE-LETTER-FOR-YOU.TXT.vbs* in Betriebssystemverzeichnisse.

   Sodann wurden die ersten beiden Dateien in die Registrierungsdatenbank des Betriebssystems, in die Gruppen „Run" und „RunServices", eingetragen und somit bei jedem Start des Betriebssystems ausgeführt.

   Auch diese Aktionen können gemäß der Speichersegmentierung nach [6] absolut sicher unterbunden werden, da ein schreibender Zugriff auf Systembereiche während des Anwendungsbetriebs ausgeschlossen ist.

3. Der *Wurm* führte weitere Veränderungen der Registrierungsdatenbank des Betriebssystems, der sogenannten *Registry*, durch, um anschließend zu versuchen, mit dem *Internet Explorer* die Datei *WIN-BUGSFIX.exe* pseudozufallszahlenabhängig von vier möglichen Internet-Adressen zu laden, wenn dieses Programm noch nicht auf dem Rechner verfügbar war. Dazu muss angemerkt werden, dass die Datei *WIN-BUGSFIX.exe* ein *Trojanisches Pferd* zum Ausspähen von Passworten darstellt, welches sich bei der Installation als Programm *WinFAT32.exe* in das Systemverzeichnis des Betriebssystems schreibt. Auch diese Schadensfunktion wird mittels der Speichersegmentierung gemäß [6] und der Offenbarung des Sollverhaltens von Programmen nach [9] unmöglich gemacht, da die Systembereiche vor unerlaubter Modifikation geschützt sind und keine unberechtigte und unbemerkte Kommunikation erfolgen kann, um weitere Schädlinge zu laden.

4. War das Herunterladen erfolgreich, nahm der *Wurm* einen weiteren Eintrag in der *Registry* vor, um das *Trojanische Pferd* beim nächsten Systemstart automatisch durch das Betriebssystem aktivieren zu lassen, und setzte die Einstellungen für die Darstellung der Startseite des *Internet Explorers* auf *Leereseite*, damit keine verdächtige Bildschirmausgabe erfolgte.

   Diese Aktion kann ebenfalls mittels der in [6] näher vorgestellten Speichersegmentierung sicher ausgeschlossen werden.

5. Danach erzeugte er eine Datei im *HTML-Format* (*HTML: Hyper Text Markup Language*) mit dem Namen *LOVE-LETTER-FOR-YOU.HTM*, die er im Windows-Systemverzeichnis ablegte. Diese enthielt ebenfalls den Schädlingscode, um den *Wurm* über *Internet Relay Chat (IRC)* zu verbreiten.

   Auch diese Verbreitungsmethode war bereits von anderen Schädlingen her bekannt, wie beispielsweise von dem im Dezember 1999 aufgetretenen *Virus Babylonia*, das ebenfalls das *IRC-Protokoll* verwendete (siehe [5]) und kann mittels der in [6] beschriebenen Speichersegmentierung sicher durchkreuzt werden.

6. Über die *MAPI-Schnittstelle* (MAPI: Messaging Application Programming Interface) von *Microsoft Outlook* erzeugte der Schädling einen elektronischen Brief mit dem oben erwähnten Betreff und Inhalt und verschickte diesen an alle Eintragungen im Adressbuch für elektronische Post des Anwenders. Dabei führte er einen Zähler in einem Eintrag der Registrierungsdatenbank des Betriebssystems.

Auch dieses Vorhaben kann durch die bereits erwähnten Maßnahmen der Speichersegmentierung [6] und Offenbarung [9] sicher vereitelt werden.

7. Dann durchsuchte der Schädling sämtliche Laufwerke nach Dateien mit den Endungen: *.vbs, .vbe, .js, .jse, .css, .wsh, .sct, .hta, .jpg, .jpeg, .mp3 und .mp2*. Die Skriptdateien mit den Endungen *.vbs* und *.vbe* wurden mit dem Schädlingscode überschrieben. Der Inhalt der Dateien mit den Erweiterungen *.js, .jse, .css, .wsh, .sct* und *.hta* wurde ebenfalls gegen den Code des *Wurms* ausgetauscht, die Dateiendungen wurden in *.vbs* abgeändert. Dateien mit den Erweiterungen *.jpg* und *.jpeg* wurden gelöscht und gleichnamige Dateien mit der *zusätzlichen* Endung *.vbs* erzeugt, die den *Wurm* enthielten. Die Dateien mit den Endungen *.mp3* und *.mp2* wurden als versteckt markiert und gleichnamige mit der *zusätzlichen* Endung *.vbs* erzeugt, in welchen der Schädlingscode ebenfalls enthalten war.

Daten unterliegen im Gegensatz zu Programmen häufigen Veränderungen, daher scheidet ein gerätetechnischer Schreibschutz, wie ihn [6] vorsieht, aus Handhabungsgründen aus. Der Schutz von Daten kann aber durch eine kontextsensitive Speicherzuordnung gemäß [7] erreicht werden. Mittels dieser Maßnahme ist ein unberechtigter Zugriff von Anwendungsprogrammen auf Daten ausgeschlossen. Um dies zu erreichen, wird der Massenspeicher einer Datenverarbeitungsanlage, insbesondere der Datenbereich, weiter untergliedert, indem er in kontextabhängige Segmente aufgeteilt wird. Zugriffe auf diese Segmente, die Programmen gestattet werden, werden in einem Installationsmodus genau spezifiziert, wobei die zu schützenden Daten und nicht die Programme im Vordergrund stehen, d.h. in der Regel existieren zu jedem Programm mehrere voneinander getrennte Datensegmente. Auf diese Art kann ein in ein Datensegment unbefugt eingedrungenes Ausspäh- und Modifikationsprogramm an seiner Ausbreitung über das jeweilige Segment hinaus gehindert werden, wodurch etwaige Schäden beliebig begrenzbar bleiben. Aufbauend auf den vorgestellten Segmentierungsmaßnahmen kann ein Schutz vor unbemerkter Veränderung von Daten innerhalb eines solchen Segments durch bereits etablierte Redundanzmaßnahmen sicher realisiert werden.

8. Fand der Wurm während dieser Suche die Dateien *mirc32.exe, mlink32.exe, mirc.ini, script.ini* oder *mirc.hlp*, wurde in deren Verzeichnis eine neue Datei *script.ini* erzeugt bzw. diese Datei überschrieben.

Durch die besprochene Speichersegmentierung [6] und die kontextsensitive Speicherzuordnung [7] könnte auch das sicher ausgeschlossen werden und die folgende Aktion wäre daher nicht mehr möglich:

Das Skript verschickte die vom *Wurm* erzeugte Seite *LOVE-LETTER-FOR-YOU.HTM* an jede Person, die den gleichen *IRC-Kanal* verwendete.

9. Neben dem Ausspähen verschiedener Passwörter ist das Löschen von Einträgen in der Registrierungsdatenbank des Betriebssystems die Schadensfunktion des *Trojanischen Pferdes WIN-BUGFIX.exe*.
Auch diese Aktionen würden durch die in [6] und [7] beschriebenen Maßnahmen der Speichersegmentierung und der kontextsensitiven Speicherzuordnung vereitelt.

2.2 Ausbreitungsarten

Der *Wurm* verwendete folgende Ausbreitungsarten:

- die elektronische Post,
- den IRC-Dienst,
- das „Shared File System" von Windows und
- „Newsgroups".

Zusammenfassend kann festgestellt werden, dass alle verwendeten Ausbreitungsmethoden bereits seit längerer Zeit bekannt waren, schon von anderen Schädlingen mit Erfolg verwendet wurden und sämtlich durch mehrere der vorgestellten Maßnahmen sicher durchkreuzt werden können.

2.3 Erfolgsanalyse

Welche Eigenschaften haben aber dazu beigetragen, dass sich der Schädling so „erfolgreich" ausbreiten konnte?

- Zuallererst trug zur großen Verbreitung bei, dass sämtliche bekannten Schädlingssuchprogramme den *Wurm* nicht als solchen erkannten und Firewalls die Mehrzahl der Anwender ebenfalls nicht schützen konnten.
- Ferner hat der die Neugier weckende, verheißungsvolle Betreff und Anlagentitel des elektronischen Briefs mit Sicherheit auch seinen Beitrag zur raschen Verbreitung geleistet.
- Als Nächstes kommt hinzu, dass der Absender oder die Absenderin dem Empfänger meist persönlich bekannt war.
- Wichtig war natürlich auch, dass der Schädlingsersteller sein Handwerk soweit beherrschte und keine groben Programmierfehler beging.
- Die Verwendung einer einfachen, leicht zu verstehenden und ohne Übersetzer auskommenden Skriptsprache tat das Ihrige.
- Durch einen extrem kurzen englischsprachigen Text wurde die globale Verständigung gesichert.

Neben diesen sekundären Gründen werden die Hauptgründe oft nicht gesehen oder als unabänderbar hingenommen:

1. eine total veraltete, keinerlei wirkungsvollen Schutz bietende Rechnerarchitektur und
2. fehlerhafte Betriebssysteme, die ihren Hauptaufgaben nicht gerecht werden.

3 Weitere Schädlingsarten

Neben den zur Zeit bedeutendsten Schädlingen, den *Würmern*, existieren noch andere Arten elektronischer Schädlinge:

3.1 Viren

Unter einem *Virus* wird eine Befehlsfolge verstanden, deren Ausführung in einem Wirtsprogramm bewirkt, dass eine Kopie oder eine Mutation des Virus einem bereits existierenden Programm hinzugefügt wird, d.h. dieses Programm ebenfalls infiziert wird. Viren sind keine selbständig ablauffähigen Programme. Charakteristisch ist ihre Fähigkeit, sich weiterzuverbreiten, indem sie andere Programm- und Datendateien infizieren. *Viren* können weiter untergliedert werden:

Programmviren und Boot-Viren *Programmviren* infizieren Programmdateien und sind daher betriebssystemabhängig. *Boot-Viren* haben es auf die Systembereiche von Festplatten und Disketten bzw. CDs abgesehen. Sie nisten sich im *Boot-Sektor* bzw. im *Master-Boot-Record (MBR)* dieser Medien ein, um sich von dort aus zu verbreiten, und sind daher system- bzw. dateisystemabhängig und deshalb in der Regel ebenfalls betriebssystemabhängig.

Mittels der Speichersegmentierung nach [6] können derartige Schädlinge im laufenden Betrieb sicher ausgeschlossen werden. Während der Installationsphase von Programmen, wenn der gerätetechnische Schreibschutz der Systembereiche aufgehoben werden muss, sorgt eine gerätetechnische Schreibschutzkopplung nach [8] dafür, dass auch während dieser kritischen Phase keine Sicherheitslücke entsteht, indem Dienstprogramme und deren Datenbasen in einem vom Programmbereich separierten Bereich untergebracht werden, eine gleichzeitige Schreibfreigabe für Programm- und Dienstbereiche unmöglich gemacht wird, ein authentifikationsabhängiger virtueller Adressraum zum Schutz des Arbeits- und Massenspeichers verwendet wird und eindeutige, sichere und von der momentanen Funktion des Benutzers abhängige Authentifikationsmethoden, die auf persönlichem Besitz oder biometrischen Merkmalen beruhen und von keinem Schädling oder ausführbaren Internet-Inhalt vorgetäuscht werden können, verwendet werden. Ferner wird die Speicherverwaltungseinheit zwischen Speicher und Prozessor platziert, um Ersteren vor direktem Zugriff von Seiten des Prozessors zu schützen. Zusätzlich wird die Speicherverwaltungseinheit mit einem gerätetechnisch realisierten Schutz ausgestattet, welcher nur bei entsprechend privilegierter Authentifikation die benötigten Programmiersignale des Prozessors weiterleitet.

Makroviren *Makroviren* befallen Datendateien, deren Anwendung eine Makrofähigkeit besitzt. Makro steht dabei stellvertretend für Tastatureingaben, Berechnungen oder gar komplexe Programmabläufe. Auf Grund der Tatsache, dass diese Virenspezies keine übersetzten und gebundenen, in Maschinensprache vorliegenden Programme, sondern zur Laufzeit interpretierte Datendateien befällt, ist die Programmierung derartiger Schädlinge wesentlich einfacher durchzuführen. Tiefgehende Kenntnisse bezüglich digitaler Datenverarbeitungsanlagen oder Programmiererfahrung sind nicht erforderlich. Ein derartiger Schädling kann den vollen Funktionsumfang der ihn interpretierenden Programme nutzen, um seine destruktive Aufgabe zu erfüllen, weshalb er immer in Verbindung mit diesen zu betrachten ist.

Eine Verbreitung von *Makroviren* ist mittels der kontextsensitiven Speicherzuordnung nach [7] beliebig begrenzbar.

3.2   Trojanische Pferde

Ein *Trojanisches Pferd* ist ein Programm, dessen Ist-Funktionalität nicht mit der dem Benutzer bekannten Soll-Funktionalität übereinstimmt und kann daher durch die offenbarende Schutzmaßnahme [9] sicher erkannt werden. Schädliche Auswirkungen werden durch alle bereits besprochenen Schutzmaßnahmen unterbunden.

3.3   Ausführbare Internet-Inhalte

Ausführbare Internet-Inhalte können wie potenzielle Trojanische Pferde angesehen werden, deren Programmcode auf einem entfernten Rechner abgelegt ist. Daher stellt die hier vorgestellte Lösung zur Beherrschung der Problematik elektronischer Schädlinge auch gleichzeitig eine Lösung des Problems ausführbarer Internet-Inhalte dar. Folgender Ablauf ist dabei einzuhalten:

1. Bevor ein entferntes, auf einem anderen Rechner gespeichertes Programm aktiv werden kann, muss es zuerst Informationen über seine Soll-Funktionalität und die dazu benötigten Betriebsmittel übermitteln.
2. Werden die beabsichtigten Aktivitäten als unkritisch eingestuft, so kommt es zur Ausführung, ohne dem Anwender unnötige Fragen zu stellen. Was hierbei als unkritisch anzusehen ist, wurde zuvor vom Anwender definiert und gerätetechnisch schreibgeschützt abgelegt.
3. Kündigen die offenbarten Daten kritische Funktionen an, ist das weitere Vorgehen abhängig davon, ob zu der Datenquelle bereits ein gewisses Vertrauen besteht und welche Aktionen ihr erlaubt wurden. Befinden sich die Aktionen im bereits erlaubten Rahmen, so wird auch hier dem Benutzer keine Rückmeldung gegeben. Soll der Aktionsraum der Anwendung bzw. der Datenquelle erweitert werden, so unterbricht der Anwender zuerst die Kommunikationsverbindungen, um den zugebilligten Aktionsrahmen zu erweitern, und nimmt erst dann wieder Verbindung mit dem Kommunikationspartner auf, nachdem die Überwachungsdaten und alle nicht benötigten Betriebsmittel gerätetechnisch vor unerlaubtem Zugriff geschützt sind.

3.4   Verteilung der Eindringlinge

Laut einer Statistik des Bundesamts für Sicherheit in der Informationstechnik (BSI) [4] spielten *Boot-Viren* eine gewisse Zeit lang eine große Rolle. In jüngster

Zeit ist allerdings ein Trend hin zu den betriebssystemunabhängigen und leicht zu erstellenden *Makroviren* und *Würmern* zu beobachten. Dies bedeutet, dass bei präventiven Maßnahmen gegen Eindringlinge verstärktes Augenmerk auch auf *Dokumentdateien* gelegt werden muss. Welche der laut [3] circa 300 monatlich neu erscheinenden Schädlinge sich auch tatsächlich ausbreiten und daher als in „in freier Wildbahn (in the wild (ITW))" angesehen werden, kann in [13] aktuell nachgelesen werden.

4 Überflutungsangriffe

Um das Bedrohungspotenzial zu begrenzen und damit die Verfügbarkeit von Datenleitungen auch bei eventuellen Überflutungsangriffen zu sichern, bietet sich eine Abkopplung der Automatisierungssysteme vom übrigen Intranet nach [14] an. Damit das zu schützende Netz nicht von außen aus direkt angegriffen werden kann, wird dazu ein Netzschnittstellenrechner zwischen das Automatisierungsnetz und das restliche Intranet platziert und mittels zweier alternierender Schalter verbunden. Dies hat den Vorteil, dass beide Netze gerätetechnisch entkoppelt sind und aus dem restlichen Intranet empfangene Daten in dem vor Eindringlingen sicheren Netzschnittstellenrechner geprüft werden können, bevor sie in das Automatisierungsnetz gelangen. Da laut [12] etwa zwei Drittel aller Bedrohungen eines Intranets aus diesem Netz selbst kommen und ein Automatisierungsnetz als Teil eines Intranets betrachtet werden kann, führt diese Maßnahme zu einer weiteren Reduktion des Bedrohungspotenzials. Dies bedeutet, dass das Intranet vom Internet und das Automatisierungsnetz vom Intranet zu entkoppeln sind.

5 Zusammenfassung

Durch die vorgestellten Maßnahmen [6–9,14] können Angriffe auf digitale Datenverarbeitungsanlagen im Allgemeinen und auf Automatisierungssysteme im Besonderen sicher abgewehrt werden, ohne auf Schädlings- oder Angriffsprototypendatenbasen angewiesen zu sein, die auf Grund der raschen Ausbreitung heutiger Schädlinge via Internet ohnehin oft veraltet sind. Weiterhin wurde gezeigt, dass es nicht nur möglich ist, Systeme zu bauen, die vor Eindringlingen sicher, sondern die zugleich, bedingt durch Separation und strukturiertes Vorgehen, wesentlich *leichter wartbar* und sogar durch Vermeidung eines *„von Neumann-Flaschenhalses" leistungsfähiger* als die heutzutage üblichen Rechner sind. Ferner wurde deutlich, dass durch obige Maßnahmen geschützte Systeme auf Grund der Offenbarung von Soll-Funktionalitäten und der laufenden Überwachung von Grenzwerten sowie der kontextsensitiven Zuordnung von Daten und der Unangreifbarkeit von Betriebssystemen und Anwendungsprogrammen eine *Robustheit* aufweisen, die es ihnen erlaubt, ihre Funktionalität trotz einzelner fehlerhaft arbeitender Anwendungsprogramme aufrechtzuerhalten, wodurch insbesondere ihre Eignung zum Einsatz in Automatisierungssystemen und Hochsicherheitsanwendungen unterstrichen wird.

Literatur

1. Barnitzke, A.: Die Viren-Speed nimmt zu. *Computer Zeitung*, Nr. 1+2, S. 20, 11.1.2001.
2. Billerbeck, J.D.: Liebesgrüße aus Fernost decken Sicherheitsmängel im Netz auf. *VDI nachrichten*, Nr. 19, S. 1, 12.5.2000.
3. Bundesamt für Sicherheit in der Informationstechnik: Das Jahr-2000-Problem und Computerviren. Erschienen als Online-Dokumentation unter http://www.bsi.de/ aufgaben/projekte/2000/viren.htm am 15.12.1999.
4. Bundesamt für Sicherheit in der Informationstechnik: Viren-Meldungen an das BSI. Erschienen als Online-Dokumentation unter   http://www.bsi.de/antivir1/ virenstatistik/vaus9911.htm, Stand vom 17.5.2000.
5. F-Secure Corporation: F-Secure Virus Descriptions – Babylonia. Erschienen als Online-Dokumentation unter http://www.datafellows.com/v-descs/babylon.htm, Stand vom 23.12.2000.
6. Halang, W.A., Fitz, R.: Speichersegmentierung in Datenverarbeitungsanlagen zum Schutz vor unbefugtem Eindringen. Patentanmeldung beim Deutschen Patent- und Markenamt, Az. 100 31 212.8, München, 16.6.2000.
7. Halang, W.A., Fitz, R.: Kontextsensitive Speicherzuordnung in Datenverarbeitungsanlagen zum Schutz vor unbefugtem Ausspähen und Manipulieren von Daten. Patentanmeldung beim Deutschen Patent- und Markenamt, Az. 100 31 209.8, München, 16.6.2000.
8. Halang, W.A., Fitz, R.: Gerätetechnische Schreibschutzkopplung zum Schutz digitaler Datenverarbeitungsanlagen vor Eindringlingen während der Installationsphase von Programmen. Patentanmeldung beim Deutschen Patent- und Markenamt, Az. 100 51 941.5, München, 10.10.2000.
9. Halang, W.A., Fitz, R.: Offenbarendes Verfahren zur Überwachung ausführbarer oder interpretierbarer Daten in digitalen Datenverarbeitungsanlagen mittels gerätetechnischer Einrichtungen. Patentanmeldung beim Deutschen Patent- und Markenamt, Az. 100 55 118.1, München, 3.11.2000.
10. Helden, J., Karsch, S.: Grundlagen, Forderungen und Marktübersicht für Intrusion Detection Systeme (IDS) und Intrusion Response Systeme (IRS). Erschienen als Online-Dokumentation unter http://www.bsi.de/literat/main.htm, Stand vom 19.10.1998.
11. Information Week Research: Computerviren kosten Weltwirtschaft 1,6 Billionen Dollar. Erschienen als Online-Dokumentation der Zeitschrift *Chip* unter http://www.chip.de, Stand vom 9.7.2000.
12. Neurotec Hochtechnologie GmbH: OCOCAT-S, Teil 1, Analyse der Risiken ausführbarer Web-Contents. Studie im Auftrag des BSI, erschienen als Online-Dokumentation unter http://www.bsi.de/aktuell/ococat.htm, 1998, Stand vom 18.10.2000.
13. WildList Organization International. Erschienen als Online-Dokumentation unter http://www.wildlist.org/, Stand vom 8.8.2001.
14. Witte, M., Halang, W.A.: Concept of Virus-Safe Network Communication. *IT-Sicherheit '94*, Schriftenreihe der Österreichischen Computer Gesellschaft, Band 75, S. 46–52. München: R. Oldenbourg Verlag 1995.

Echtzeit–Datenverkehr über IP–basierte Datennetze

Ursula Hilgers, Falko Dressler

Regionales Rechenzentrum der Universität Erlangen–Nürnberg, Martensstraße 1, 91058 Erlangen

Zusammenfassung Über die IP–Infrastruktur werden heute schon Applikationen mit unterschiedlichsten Anforderungen an die Kommunikationsinfrastruktur übertragen. Diese Arbeit gibt einen Überblick über die Mechanismen, die in IP–Netzwerken zur Bereitstellung von Dienstgüte zur Verfügung stehen bzw. sich in Standardisierungsgremien in Entwicklung befinden. Darüber hinaus sollen die Möglichkeiten moderner IP–Datennetze in Hinblick auf zeitkritisches Echtzeit–Verhalten betrachtet werden. Unter diesen Gesichtspunkten werden Netzwerkkomponenten in einfachen Testbeds untersucht. Die Ergebnisse sollen einen Überblick über die aktuell verfügbaren Möglichkeiten geben, Echtzeit–Daten über das IP–Protokoll zu übertragen.

1   Einleitung

Gerade für die Anforderungen von Echtzeit–Systemen in der Automatisierungstechnik gibt es schon seit vielen Jahren proprietäre Lösungen, lokale Vernetzungen unter Einhaltung von Echtzeit–Kriterien aufzubauen. Ein wesentliches Ziel der heutigen Entwicklung ist es, eine Migration aller Dienste auf ein einziges zugrunde liegendes Datennetz zu erreichen. So sollen und werden auch schon heute IP–basierte Netzwerke für den Datenaustausch von Echtzeit–Geräten genutzt. Dies aber nur für wenig zeitkritische Offline-Datentransfers.

Dieser Beitrag verfolgt zwei Ziele. Zum einen soll ein Überblick über Mechanismen gegeben werden, die in IP–Netzwerken zur Bereitstellung von Dienstgüte zur Verfügung stehen. Auf der anderen Seite sollen die Möglichkeiten moderner IP–Datennetze in Hinblick auf zeitkritisches Echtzeit–Verhalten untersucht werden. Die Mechanismen werden in einfachen Testbeds auf ihre Fähigkeit untersucht, Applikationen mit Echtzeit–Anforderungen zu übertragen. Für die Messungen stehen Router der Firma Cisco zur Verfügung.

2 Echtzeit–Datenübertragung

Bei „klassischen" Echtzeitanforderungen von Applikationen muss ein Datum innerhalb einer vorgeschriebenen Zeitspanne beim Empfänger ankommen, da es sonst wertlos ist bzw. eine wichtige Aktion nicht zeitgerecht durchgeführt werden kann [SN95]. Wird die Übertragung von Daten über IP–Netzwerke untersucht, ist nicht nur die maximale Verzögerung interessant, sondern vielmehr der durch das IP–Netzwerk erzeugte Jitter (Variation des Delays). Verlangt wird eine vorhersagbare, schnelle Antwortzeit für zeitkritische Ereignisse mit einer exakten Zeitinformation. Die Bearbeitung solcher Ereignisse muss streng prior durchgeführt werden und die Netzwerkkomponenten müssen sich stabil unter extremer Last verhalten. Die vorgegebene Bandbreite muss für die Dauer der Bearbeitung garantiert werden, und die Fehlerrate sollte so klein wie möglich sein. Zusätzlich ist eine 100 % Verfügbarkeit unbedingt notwendig.

Die *Internet Engineering Task Force* (IETF) unterscheidet zwischen zwei grundsätzlich verschiedenen Typen von Applikationen. Zum einen soll ein *Controlled–Load Service* [Wro97] für Anwendungen mit weniger harten Echtzeitanforderungen vorhanden sein, welche typischerweise im Multimedia–Bereich zu finden sind. Ein gewisses Maß an Paketverlusten und Delay wird durch adaptive Multimedia–Algorithmen, die auf zu geringe Qualität einer Übertragung z.B. durch Reduktion der Bandbreite reagieren können, akzeptiert. So leidet die subjektive Qualität bei der Durchführung einer Videokonferenz nicht unbedingt durch den Verlust eines einzelnen Videoframes. Leichtes Verletzen der zeitlich vorgegebenen Schranken hat keine katastrophalen Folgen, wobei diese Aussage sicherlich nicht generell zutrifft. Der zweite Typ ist der sogenannte *Guaranteed Service* [She97], welcher für Applikationen gedacht ist, die weniger fehlertolerant sind. Ein Beispiel für harte Echtzeit–Anforderungen mit hoher Verfügbarkeit sind hochqualitative Videoübertragungen in der Telemedizin.

Werden diese Anforderungen auf die Realisierung in Netzwerkkomponenten übertragen, bedeutet es, dass zunächst Pakete als zu einer Echtzeit–Applikation gehörend gekennzeichnet werden müssen. Dann muss für diese Pakete Bandbreite in den Netzwerkkomponenten und auf den physikalischen Verbindungen reserviert werden. Zeitliche Anforderungen müssen eingehalten werden. Um die Verfügbarkeit zu steigern, sollten alternative Wege im Netzwerk zur Verfügung stehen. Die dadurch höhere Verfügbarkeit erkauft man sich aber durch eine (zeitweise) Vergrößerung von Delay, Jitter und Paketverlustrate.

3 Echtzeit–Datenübertragung in IP–Netzwerken

Um in IP–Netzwerken verschiedene Dienstklassen unterstützen zu können, muss die Standard–Funktionalität der Netzwerkkomponenten erweitert werden. Neben der Klassifikation von Verkehr sind Algorithmen zum Ressourcen–Management, zur Verhinderung von Überlast und Scheduling–Mechanismen zur Bereitstellung von unterschiedlichen Dienstklassen notwendig. Eine Bewertung der Mechanismen zur Verkehrsüberwachung und –regulierung ist in [Hil00] zu finden.

3.1 Klassifikation

Um Echtzeit–Verhalten im Netzwerk bereitzustellen, müssen IP–Pakete in unterschiedliche Klassen eingeteilt werden können. Das IP–Protokoll verfügt zunächst über keinerlei Möglichkeit der Verkehrsdifferenzierung. Es existiert nur eine Best Effort Dienstklasse. Allerdings kann das *Diensttypfeld* im IP–Header, das *Type of Service* (ToS) Feld, dazu verwendet werden, IP–Pakete verschiedenen Dienstklassen zuzuordnen. [DA81a] unterteilt das ToS–Feld in drei *Precedence*–Bits, drei ToS–Bits und zwei weitere Bits, die nicht verwendet werden.

Die Klassifikation des IP–Verkehrs erfolgt meist auf der Basis von *Anwendungsflüssen* (*Flows*). Dabei gehören alle Pakete mit den gleichen Sende– und Empfangsadressen sowie den gleichen Sende– und Empfangsportnummern zu dem gleichen Flow [SW97].

3.2 Algorithmen zur Verhinderung von Überlast

Random Early Detection (RED) [FJ93], [Hil00] ist ein Mechanismus zur Verhinderung von Überlast in Netzwerken. Durch das kontinuierliche Beobachten der durchschnittlichen Länge der Warteschlange an jedem Ausgangs–Interface der Vermittlungsrechner kann der Beginn einer Überlastsituation daran erkannt werden, dass der durchschnittliche Füllgrad der Warteschlange ansteigt. Der Router kann reagieren, bevor die Warteschlange überläuft, indem er den Füllgrad der Queue reduziert. Dabei werden zufällig ausgewählte Pakete verworfen, unabhängig von der Verbindung, zu der sie gehören, sodass die Wahrscheinlichkeit, dass Pakete einer Verbindung gelöscht werden, proportional ist zu dem Anteil an Ausgangsbandbreite an dem Router–Interface, den diese Verbindung für sich beansprucht. Das bedeutet, dass durch das Verfahren RED Verbindungen benachteiligt werden, die durch ihr hohes Verkehrsaufkommen andere Verbindungen mit niedrigen Bandbreitenanforderungen beeinträchtigen.

Protokolle wie z.B. das TCP/IP Protokoll reagieren auf verworfene Pakete durch das Reduzieren ihre Übertragungsbandbreite. Durch das dedizierte Verwerfen von Paketen einzelner TCP–Verbindungen kann der Effekt der globalen Synchronisation, bei der alle TCP–Verbindungen ihre Übertragungsrate reduzieren, verhindert werden, wobei der Gesamtdurchsatz im Netzwerk ansteigt. Außerdem wird bei der Aktivierung von RED das Delay von Datenpaketen durch den geringen Füllgrad der Warteschlangen klein gehalten.

3.3 Scheduling

Scheduling–Mechanismen werden an ausgehenden Interfaces von Routern aktiviert. Sie bestimmen die Bandbreite, die den Paketen einer Verbindung zugewiesen wird, die Reihenfolge, mit der sie bedient werden, und die Menge des Speicherbereichs, der ihnen zur Verfügung steht. Damit haben sie einen Einfluss darauf, wie unterschiedliches Verhalten in den Netzwerkkomponenten zur Realisierung von verschiedenen Dienstklassen implementiert werden kann.

Das in Routern per Standard aktivierte Scheduling–Verfahren FiFo Queueing (First in First out) ist nicht geeignet, Pakete mit sich unterscheidender Priorität weiterzuleiten oder ihnen einen unterschiedlichen Anteil an Bandbreite an einem ausgehenden Router–Interface zuzuteilen. Ein Scheduling–Mechanismus zur Implementation verschiedener Dienstklassen ist das Weighted Fair Queueing (WFQ). Der Scheduling–Mechanismus verwaltet mehrere Warteschlangen für unterschiedliche Dienstqualitäten. Jeder Warteschlange wird ein Gewicht zugeordnet, das den Anteil an ausgehender Bandbreite festlegt. Damit kann für jede Dienstklasse, der eine ausgehende Warteschlange zugeteilt wird, eine untere Grenze für den Durchsatz angegeben werden, die nicht unterschritten wird. Wird der Verkehr einer Klasse zusätzlich durch einen Token Bucket reguliert, kann eine maximale obere Grenze für das Ende–zu–Ende–Delay angegeben werden [Par92].

3.4 Ressourcen–Management

Zur Realisierung von hochprioren Dienstklassen müssen die Ressourcen in einem Netzwerk verteilt und verwaltet werden. Dazu wird bei verbindungsorientierten Protokollen zunächst bei Verbindungsaufbau durch eine Call Admission Control (CAC) überprüft, ob ausreichende Ressourcen zu Verfügung stehen, um der Verbindung die geforderte Dienstgüte auf dem gesamten Weg durch das Netzwerk während ihrer Lebenszeit zu garantieren. Dann müssen die Ressourcen in den Netzwerkkomponenten reserviert werden. Aufsetzend auf dem IP–Protokoll ist — zur Zeit — noch kein Mechanismus zur Ressourcen–Reservierung implementiert, der auf Flows–Basis angewendet werden kann. Ein Ansatz der IETF ist das *Resource Reservation Setup Protocol* (RSVP) [Bra97]. Es hat sich allerdings herausgestellt, dass dieses Protokoll in WANs nicht skaliert [Man97], da es für jeden Flow Reservierungszustände in den Knoten und den Endgeräten verwalten muss.

4 Empirische Messungen in IP–Netzwerken

Im Folgenden sollen einige der bereits im vorhergehenden Abschnitt erwähnten Funktionalitäten zur Paket–Klassifikation, zur Verhinderung von Überlast und zum Scheduling an Messungen in einfachen Testbeds untersucht werden.

4.1 Klassifikation

Um Echtzeit–IP–Pakete mit einer bestimmten Eigenschaft, z. B. der gleichen Zieladresse, in eine gemeinsame Dienstklasse einzuordnen, müssen alle Pakete zunächst nach dieser Eigenschaft gefiltert werden. Diese Operation wird bei Routern der Firma Cisco mit sogenannten *Access Control Listen* (ACL) durchgeführt. Sie kontrollieren an einem Interface eines Routers alle Pakete, die empfangen werden. Pakete mit gleichen Eigenschaften werden herausgefiltert, um sie durch Setzen der Precedence–Bits im IP–Header einer Dienstklasse zuzuweisen. Das Markieren, d. h. das Setzen der Bits im IP–Header, wird von Cisco Routern mit dem Mechanismus *Committed Access Rate* (CAR) realisiert.

Die Auswertung der Filterregeln kann auf Routern in Software oder in Hardware implementiert sein, was einen entscheidenen Einfluss auf die Performance dieser Operation hat. Bei den folgenden Untersuchungen wird die Klassifikation von IP–Paketen anhand der Zieladresse durchgeführt. Die Pakete werden in Abhängigkeit der Adresse in fünf verschiedene Klassen eingeordnet, wobei die Zuordnung zu einer Dienstklasse durch entsprechendes Markieren der Precedence–Bits im IP–Header erfolgt. Im Laufe der Messung werden die IP–Pakete mit unterschiedlicher Zieladresse und somit auch die ACLs gesteigert, sodass ihr Einfluss auf die Funktionsweise des Router–Interfaces untersucht werden kann. Mit dieser Messung soll gezeigt werden, dass mit einer zunehmenden Zahl von ACLs die Prozessorlast am eingehenden Interface des Routers so sehr steigt, dass er seine Hauptaufgabe, das Weiterleiten von Paketen, nicht mehr durchführen kann [HH01].

Der Testaufbau ist in Abbildung 1 a) abgebildet. Es wird ein Cisco 7507 Router mit Betriebssystem 12.1(3a)T1 verwendet. Der Router ist mit Versatile Interface Prozessor (VIP) Boards bestückt, die die Paketfilterung und das Klassifizieren selbständig durchführen, ohne dass Teile der Aufgabe vom Zentralprozessor ausgeführt werden. Zwei dieser Boards sind mit einem Verkehrsgenerator und –analysator, einem Smartbits 6000, über zwei STM1 Packet over SONET (PoS) Verbindungen verbunden [Gor97]. Über das eine Interface empfängt der Router die Pakete vom Verkehrsgenerator, über das andere sendet er die Pakete wieder zum Analysator zurück. Die Funktionalität des Klassifizierens ist am eingehenden Interface des Routers aktiviert. Der Verkehrsgenerator sendet über eine kontinuierlich erhöhte Anzahl von Flows Pakete mit unterschiedlichen Ziel–IP–Adressen. Die IP–Pakete haben eine Größe von 429, der durchschnittlichen Paketgröße im Deutschen Wissenschaftsnetz.

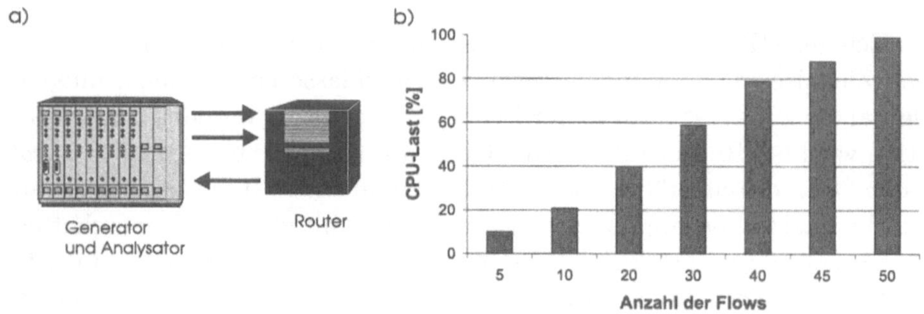

Abbildung1. a) Messaufbau zum Test, welche Auswirkungen die Klassifikation auf die CPU–Belastung am eingehenden Interface eines Routers hat, b) Abhängigkeit der CPU–Belastung des eingehenden VIP Boards von der Anzahl der klassifizierten Flows.

Abbildung 1 b) zeigt das Ergebnis des Versuchs. Auf der Abszisse ist die Anzahl der Flows dargestellt, die während der Messung von 5 auf 50 gesteigert wird [Hil01]. Auf der Ordinate ist die CPU–Last des eingehenden Router–Interfaces in Prozent aufgetragen. Auf den Flows wird mit einer Rate von 2,9 MBit/s gesendet. Empfängt der Router an seinem eingehenden Interface fünf Flows, deren IP–Pakete markiert werden, wird eine CPU–Belastung auf dem eingehenden Interface des Routers von 15 % beobachtet. Die Last steigt bis zu 88 % bei 45 Flows und bei 50

Flows gehen bei einer CPU–Belastung von 100 % sogar Pakete verloren. Als Vergleich sei die CPU–Last genannt, wenn mit dem beschriebenen Testaufbau und dem beschriebenen Sendeverhalten die ACLs nicht konfiguriert sind: Bei 10 Flows steigt die CPU auf 10 %, bei 20 Flows auf 21 %. Da in realen Netzen mehrere tausend Flows an einem Router–Interface in einem Netzwerk auflaufen, zeigen diese Ergebnisse kein wünschenswertes Verhalten.

4.2 Algorithmen zur Verhinderung von Überlast

Die im Abschnitt 3.2 erläuterte Eigenschaft, dass bei der Aktivierung von RED das Delay reduziert wird durch den geringeren Füllgrad der Warteschlangen, soll im Folgenden anhand von Labormessungen untersucht werden. Verglichen wird das Delay bei der Datenübertragung mit RED mit den entsprechenden Tests ohne Aktivierung von RED.

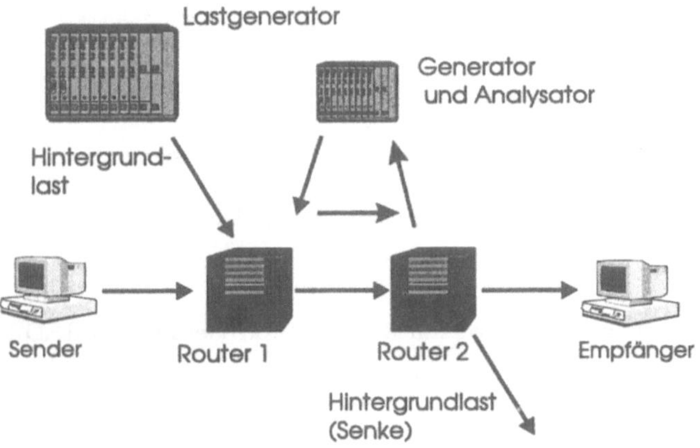

Abbildung2. Messaufbau zur Untersuchung der Funktionweise von RED.

Abbildung 2 zeigt den Testaufbau. Zwei SUN Ultra 1 Solaris–Workstations, **Sender** und **Empfänger**, sind jeweils mit FDDI mit zwei Cisco 7507 Routern verbunden. Die beiden Router mit IOS 11.1-24.CC verbindet eine STM1 PoS Verbindung. Ein ATM–Monitor HP E4200B ist mit **Router1** verbunden und sendet UDP–Verkehr als Hintergrundlast über zwei STM1 Verbindungen. Die Last wird von **Router2** abgeleitet. Die beiden Workstations tauschen TCP–Pakete untereinander aus. Zusätzlich sendet ein weiterer Generator mit Zeitstempel versehene UDP–Pakete mit einer Rate von 0,1 MBit/s zum **Router1**, die über **Router2** an den Verkehrsgenerator zurückgesendet werden. Aus den Zeitstempeln in diesen Paketen kann die Verzögerung in den Routern bestimmt werden.

Abbildung 3 zeigt das durchschnittliche Delay in Abhängigkeit von der Hintergrundlast. Deutlich ist zu sehen, dass das Delay bei höherer Hintergrundlast kleiner ist als ohne RED. Außerdem wächst es ab einer Last von 75 MBit/s nicht weiter an. Dies ist durch die geringere durchschnittliche Länge der Warteschlange am Ausgangs–Interface des Routers begründet. Den Vorteil des geringeren Delays erkauft man sich allerdings durch eine höhere Paketverlustrate, bei mittlerer Auslastung des Interfaces.

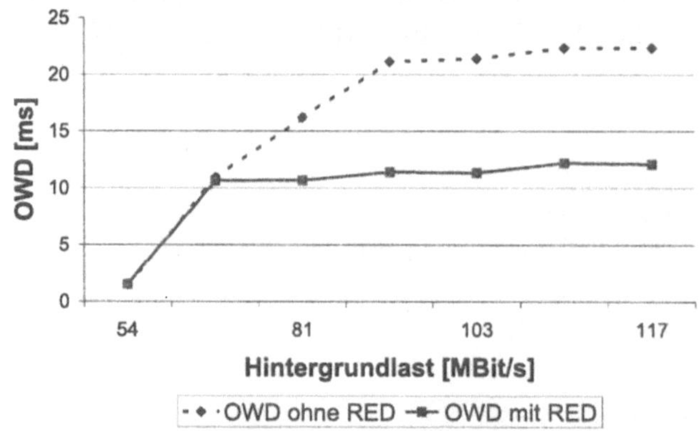

Abbildung3. Messung des Delays mit und ohne Aktivierung von RED bei steigender Hintergrundlast.

4.3 Scheduling

Um hochprioren Verkehr, z. B. Echtzeit–Daten, entsprechend der zeitlichen Anforderungen weiterzuleiten, existiert auf den Cisco Routern GSR12008 ein Scheduling–Verfahren, das die strikte Priorisierung von Paketen einer Warteschlange unterstützt (*Low Latency Queueing*). Der Testaufbau, mit dem dieses Verfahren untersucht werden soll, ist in Abbildung 4 a) dargestellt. Die beiden Router mit Software–Version 12.0(9)S sind über ein STM4 Interface verbunden und zusätzlich mit je zwei STM4 und einem STM1 Interface mit einem Verkehrsgenerator bzw. –analysator gekoppelt. Um ein Netzwerk mit drei Dienstklassen zu simulieren, werden auf den beiden STM4 Verbindungen mit einer Rate von 593 MBit/s 429 Byte große Pakete gesendet, auf der STM1 Verbindung Pakete von 240 Byte mit einer Rate von 113,25 KBit/s, die einem hochprioren Sprachdatenstrom entsprechen könnten. Alle Ströme werden über die gleiche Verbindung von **Router1** zu **Router2** geleitet, sodass dort eine Überlastsituation entsteht. Die Konfiguration der Warteschlangen für die drei Ströme am ausgehenden Interface von **Router1** ist in Abbildung 4 b) dargestellt: Der hochpriore Datenstrom, der nur eine geringe Bandbreite erfordert, wird durch die streng priorisierte Warteschlange mit einem Anteil an Ausgangsbandbreite von 5 % weitergeleitet, die beiden niederprioren Warteschlangen mit je einen Anteil von 40 %. Auf ihnen ist zusätzlich noch das Verfahren RED konfiguriert. Mit Hilfe des Verkehrsanalysators sollen der Durchsatz, das Delay und der Jitter der Pakete in der hochprioren Warteschlange bestimmt werden, wobei die Ergebnisse beim FiFo Queueing mit denen bei Aktivierung von Low Latency Queueing verglichen werden.

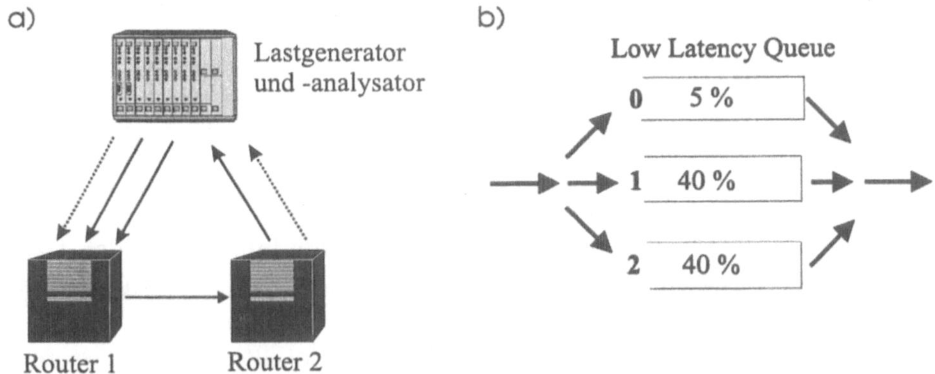

Abbildung 4. a) Messaufbau zum Vergleich von FiFo Queueing und Priority Queueing, b) Konfiguration bei der Messung mit Priority Queueing.

Zunächst wird der Durchsatz des hochprioren Stroms mit FiFo-Scheduling überprüft. Es zeigt sich, dass durch die Überlast am ausgehenden Interface des **Router1** nur ein Drittel aller Pakete des Stroms das Ziel mit einem Delay von 302 ms erreichen. Bei Aktivierung von Low Latency Queueing reduziert sich das Delay auf 2,66 ms und alle Pakete erreichen das Ziel. Auch der maximale Jitter reduziert sich von 30,12 ms bei FiFo Queueing auf 0,049 ms. Damit zeigt sich, dass das Verfahren zur

Weiterleitung von Echtzeit–Verkehr geeignet ist, da der hochpriore Strom
bevorzugt bearbeitet und weitergeleitet wird.

5   Messungen in realen Netzwerken

Im Rahmen einer Diplomarbeit wurde am Regionalen Rechenzentrum
der Universität Erlangen ein Programm entwickelt, das Leistungsmessun-
gen in realen Netzwerken durchführen kann [Hof01]. Das Programm bestimmt das One–Way–Delay und den Jitter auf Verbindungen und wurde
im Deutschen Wissenschaftsnetz im Dezember 2000 auf der Verbindung
Erlangen — Berlin eingesetzt.

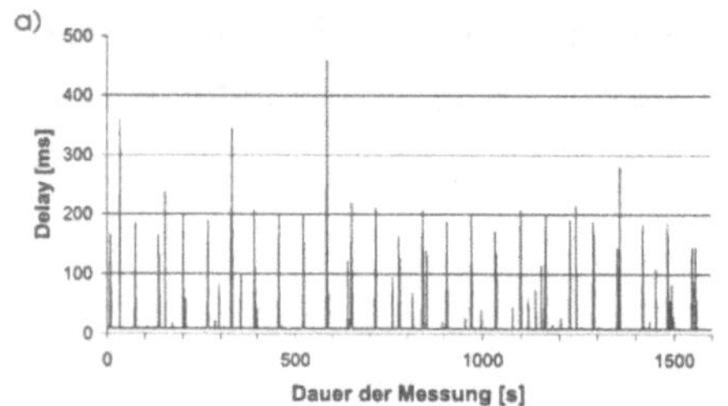
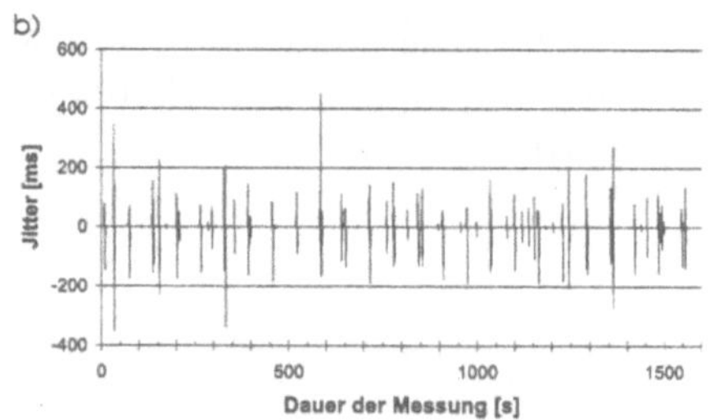

Abbildung5. Messungen von Delays und Jitter.

In Abbildung 5 a) ist das Delay auf dieser Verbindung abgebildet. Das
Delay schwankt zwischen 8 und 460 ms. Abbildung 5 b) gibt Aufschluss
über den Jitter. Er schwankt zwischen -350 und 450 ms. Dabei konnte
durch Referenzmessungen am System selber festgestellt werden, dass der
Jitter, der durch das Betriebssystem verursacht wird, vernachlässigbar
ist.

Es ist offensichtlich, dass diese Werte für die Übertragung von
Echtzeit–Daten nicht ausreichen.

6   Zusammenfassung

Die Ergebnisse in diesem Beitrag haben gezeigt, dass theoretische
Vorarbeiten gleistet sind und auch bereits einige Mechanismen auf
IP–Netzwerkkomponenten implementiert sind, die die Bereitstellung
von Dienstklassen mit unterschiedlichen qualitativen Eigenschaften unterstützen. Allerdings muss festgestellt werden, dass von der Übertragung

von Echtzeit–Verkehr über IP–Netzwerke abgeraten werden muss, vor allem auch deshalb, weil noch keine Ressourcen–Management Mechanismen existieren. Interessant ist u.a. die Eigenschaft, dass durch die Aktivierung von QoS–Mechanismen ein Performance–Verlust auf den Routern hervorgerufen wird, der dazu führt, dass einzelne Datenpakete schlechter bedient werden, als der Best Effort Datenverkehr. Dafür erhalten Pakete anderer Verbindungen ein besseres Zeitverhalten.

Literatur

[Bra97] B. Braden, L. Zhang, S. Berson, S. Herzog, S. Jamin, *Resource ReSerVation Protocol (RSVP) — Version 1 Functional Specification*. Request for Comments 2205, September 1997.

[DA81a] Defense Advanced Research Projects Agency, *Internet Protocol*. Request for Comments 791, September 1981.

[FJ93] S. Floyd, V. Jacobson, *Random Early Detection Gateways for Congestion Avoidance*. In: IEEE/ACM Transactions on Networking, August 1993.

[Gor97] W. J. Goralski, *SONET*. McGraw–Hill, 1997.

[HH01] U. Hilgers, R. Hofmann, *QoS — ATM versus Differentiated Services*. In: J. Knop, P. Schirmbacher (Hrsg.), Proceedings EUNIS 2001, März 2001.

[Hil00] U. Hilgers, R. Hofmann, P. Holleczek, *Differentiated Services — Konzepte und erste Erfahrungen*. In: Praxis der Informationsverarbeitung und Kommunikation, Februar 2000.

[Hil01] U. Hilgers, S. Naegele–Jackson, P. Holleczek, R. Hofmann, *Bereitstellung von Dienstgüte in IP– und ATM–Netzen als Voraussetzung für die Video–Übertragung mit Hardware Codecs*. 15. DFN–Arbeitstagung über Kommunikationsnetze, Düsseldorf, Juni 2001.

[Hof01] G. Hofmann, *Implementation eines Programms zur Bestimmung der Dienstgüte in IP–Netzen*. Diplomarbeit am Regionalen Rechenzentrum der FAU Erlangen–Nürnberg, März 2001.

[Man97] A. Mankin, F. Baker, B. Braden, S. Bradner, M. O'Dell, A. Romanow, A. Weinrib, L. Zhang, *Resource ReSerVation Protocol (RSVP) — Version 1 Applicability Statement — Some Guidelines on Deployment*. Request for Comments 2208, September 1997.

[Par92] A. K. J. Parekh, *A Generalized Processor Sharing Approach to Flow Control in Integrated Services Networks*. LIDS-TH-2089, MIT Laboratory for Information and Decision Systems, Cambridge, Mass., February 1992.

[She97] S. Shenker, C. Partridge, R. Guerin, *Specification of Guaranteed Quality of Service*. Request for Comments 2212, September 1997.

[SN95] R. Steinmetz, K. Nahrstedt, *Multimedia: computing, communications, and applications*. Prentice Hall, 1995.

[SW97] S. Shenker, J. Wroclawski, *Network Element Service Specification Template*. Request for Comments 2216, September 1997.

[Wro97] J. Wroclawski, *Specification of the Controlled-Load Network Element Service*. Request for Comments 2211, September 1997.

Real-Time Communication in Industrial Automation with Switched Ethernet Networks

Jürgen Jasperneite [1], Peter Neumann [2], Kym Watson [3]

[1] Phoenix Contact GmbH & Co. KG, Dept. of System Development, Flachsmarktstr. 8
D-32825 Blomberg, Germany
jjasperneite@phoenixcontact.com

[2] Ifak, Institute for Automation and Communication Magdeburg, Steinfeldstr. 3,
D-39179 Barleben, Germany
neu@ifak.fhg.de

[3]Fraunhofer Institute IITB
D-76132 Karlsruhe, Germany
kym.watson@iitb.fhg.de

Abstract. This paper present a performance evaluation of switched Ethernet used in industrial automation. The influence of the three scheduling strategies First-Come-First-Served (FCFS), strict Priority Queuing (PQ) and Fair Queuing (FQ) on the real-time behavior of switched Ethernet networks implementing IEEE802.1 is investigated by simulation. Load scenarios from the application field of industrial automation are used as benchmarks.

1   Introduction

The use of Ethernet in industrial automation is not a new concept. A lot of work have focused on the improvement of Ethernet's real-time capabilities e.g. [8, 9]. However, the introduction of switching technology as in IEEE802.1D with prioritized packets allows the transfer of time-sensitive data [1]. A major step toward real-time behavior in Ethernet networks is to eliminate the random CSMA/CD bus arbitration. This can be achieved by using the latest Ethernet switch technology instead of a hub-based infrastructure. Switch technology divides collision domains into simple point-to-point connections between network components and stations. Collisions no longer occur and the random back-off algorithm is no longer required. The concept of switching or Media Access Control (MAC) bridging, which was introduced in IEEE 802.1 in 1993, was expanded upon in 1998 by the definition of additional capabilities in bridged LANs. The aim was to provide additional traffic capabilities so as to support the transmission of time-critical information in a LAN environment [1]. We investigate by simulation a typical scenario in industrial automation in order to demonstrate the influence of different scheduling strategies on the real-time capability of switched

Ethernet. The strategies considered are First-Come-First-Served (FCFS), strict Priority Queuing (PQ) and Fair Queuing (FQ).

2   Basic structure of a switch

Figure 1 shows the forwarding path of a switch. The forwarding path of the switch is executed for every packet and must therefore be highly optimized. Indeed in most commercial switches, its implementation is largely in hardware. The forwarding path is divided into three sections: The packet classifier, the queuing system and the packet scheduler.

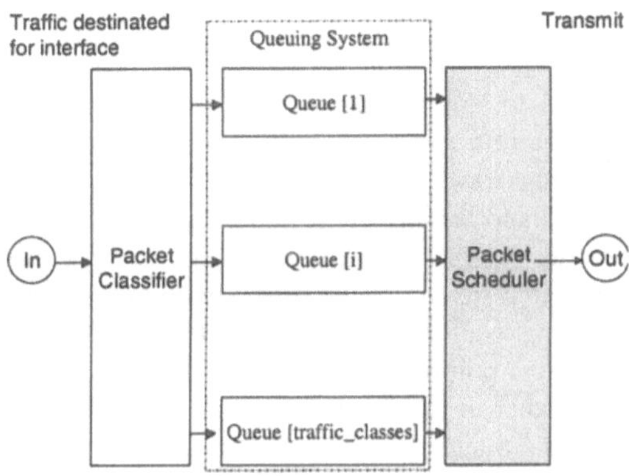

Fig. 1. basic components of the forwarding path of a switch

2.1   Packet Classifier

The packet classifier interprets the Protocol-Header according to the protocol suite used, here the VLAN header for IEEE 802 [5]. For each packet, the packet classifier executes the suite-dependent classifier and then passes the packet and its class to the appropriate queue. Here we consider the user priorities for data packets as defined in IEEE802.1Q. A 3 bit field in the VLAN-Tag Header allows up to 8 different user priorities to be selected. The port queues in the switches are called available traffic classes. If there are more user priorities than traffic classes, a corresponding mapping is done by the packet classifier. This leads to an aggregation of packet flows of different user priorities. Since the IEEE802 working group kept user priority zero as the default user priority and for best effort data transmission for compatibility reasons, the mapping of user priorities to available traffic classes is not symmetrical. In particular, this means that the values 1 and 2 effectively communicate at lower priority than 0.

2.2   Output Driver

The output driver implements the packet scheduler with an associated scheduling strategy. The IEEE802.1D Standard does not specify a particular scheduling strategy. The common FCFS strategy is of course well known. We now describe two further strategies PQ and FQ:

2.2.1   Priority Queuing (PQ)

We define PQ to be priority queuing with non-preemptive service. In this case, higher-priority packets move ahead of lower-priority ones in the queue but do not preempt lower-priority packets already in service. The order of service within a priority is first come, first served.

2.2.2   Fair Queuing (FQ)

The FQ scheme is used to enable various applications with different minimum bandwidth or latency requirements to share the network. It provides a guaranteed bandwidth at potential congestion points, ensuring specified traffic of a fixed portion of the available bandwidth and leaving the residual bandwidth to the other traffic. The algorithm used here is the deficit round robin strategy considered in [6]. The traffic class queues are serviced in a strictly cyclic order. Each queue has a parameter Queue Credit and a decrementing counter called Credit Counter. The Queue Credit and Credit Counter determine the number of bits which can be sent from that queue in the given service cycle. A packet in the queue is sent if and only if its bit length is less than or equal to the Credit Counter. The Credit Counter is decremented by the packet length after transmission (stopping at 0). If the queue becomes empty or if the packet at the head of the queue is longer than the Credit Counter, then the queue service terminates for that cycle and the next queue in the cycle is served. In the first case of the queue becoming empty, the Credit Counter is set back to 0. Otherwise the value of the Credit Counter is maintained until the queue is served again in the next cycle. When queue service is due to begin, the Credit Counter is increased by the amount Queue Credit.

3.   System Parameters and Workload Parameters

In terms of the ISO-OSI Reference Model, we are interested mainly in the two lowest layers, i.e. in the data link layer and the physical layer.

An appropriate representative workload is very important for any kind of performance evaluation. The application model developed in this paper simulates the communication requirements to be met in applications by the MAC level. Traffic measurements and corresponding model designs for discrete manufacturing applications are listed in [3]. In this paper, a classification pattern based on [2] is used for the communication requirements. The information flow distribution, i.e. the communication relationships of all the relevant stations in a system, is assumed to be central. A central information flow distribution (C) applies when there is a distinguished station in the system involved in all communication relationships for a given message type (i.e. one which communicates with all or all communicate with it). This is often the case in automation systems with a central control system. A uniformly distributed information flow (U) (i.e. each station communicates equally with all others) is not dealt with in this study. It is, however, especially important in the current trend towards the extended distribution of automation functions.

4. Scenario Profile

The scenarios 1-3 chosen here correspond to a typical application in discrete manufacturing and consist of a central control system and distributed, intelligent field devices. The majority of data is processed by the cyclic process data exchange (MT_1) with a short, constant payload size. In addition, events such as alarms from field devices are transmitted to the central control system using the message type MT_2. This scenario also includes network control (MT_3) and the transfer of large amounts of data (MT_4) from the distributed field devices to the central control system.

Mess. Type	Comm-Type	Proportion of Frames[1]	Dist.-Arrival Process	Payload Length [Bit]	Dist.-Payload Length	Scenario 1 (FCFS)	Scenario 2 (PQ) User Priority	Scenario 3 (FQ) Weight [%]
MT_1	C (station1) confirmed	80%	D	Req: 368 Res: 368	D D		1 (Normal)	0.07367
MT_2	C (station1) unconfirmed	10%	Z	Req :368	D	Best effort	2 (Medium)	0.0046
MT_3	C (station1) confirmed	9.5%	Z Z	Req: 1024 Res: 1024	D D		3 (High)	0.01729
MT_4	C (station1) confirmed	0.5%	Z	Req: 1024 Res: 12800	D D		0 (low)	0.0044

Table 1. Definition of the workload

Scenario 1 uses FCFS service and therefore treats all traffic classes equally. Scenario 2 uses PQ service with traffic classes prioritized as required by the automation context. For the case of FQ service in scenario 3, the Queue Credits are weighted according to the bandwidth requirements of the traffic classes. The actual Queue Credit was taken to be the respective weight multiplied by 10^8 bit (from the nominal bit rate per second). The Queue Credits have a significant impact on the maximum

---

[1] The proportion of frames within a message type as a percentage of the total number of frames for the corresponding scenario is specified in the "Proportion of Frames" column

throughput and real-time behavior for each class and the extent to which an overload in one class affects the other classes. A Queue Credit should not be too large, otherwise the service strategy in that queue is close to being exhaustive (i.e. the queue is served until it is empty) in which case a (perhaps temporary) overload in this queue will have a large impact on the performance of the other classes.

4.2 Performance Metrics

For each message type MT_i, the throughput at which the data transfer can be performed, and the time taken for the data transfer will be examined from the MAC user point of view. This leads to the following performance metrics:

1. End-to-end delay $T_{ETE}(MT_i)$. This metric is a one-way delay and is used especially with unconfirmed services (e.g. MT_2). $T_{ETE}(MT_i)$ represents the total delay from a traffic source to the relevant traffic sink.
2. Response time $T_{RA}(MT_i)$ when using confirmed services (MT_1 , MT_3 , MT_4). The response time is the round-trip time, which consists of the transmission time from the client to the server $T_{ETE1}(MT_i)$ and the transmission time from the server back to the client $T_{ETE2}(MT_i)$ for a given Message Type.
3. Data throughput $d(MT_i)$ of the type of message MT_i being considered (amount of accepted user data per unit of time).

We evaluate the probability distribution of the first two metrics by considering the respective mean value and the 99%-percentile (denoted by P_{99}). For example the percentile value of $T_{ETE}(MT_i)$ is equal to P_{99} if $Prob(T_{ETE}(MT_i) < P_{99}) > 99\%$. The impact of the dwell time within stations to the performance metrics is considered in [7].

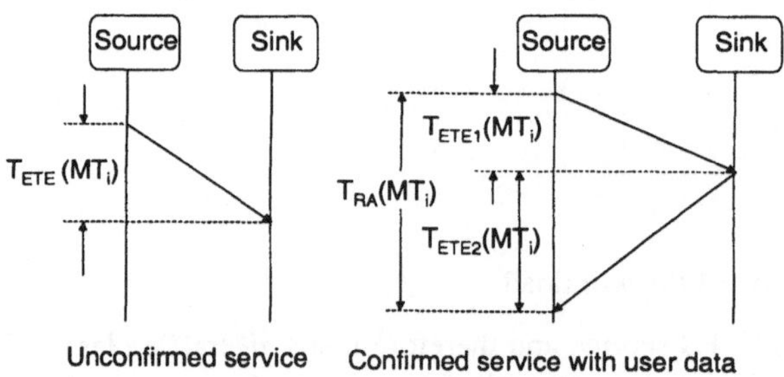

Fig. 2. Interaction between the traffic source and the corresponding traffic sink from the application point of view

4.3   Simulation Parameters

The commercially available OPNET 7.0 network simulator [4] was used for the simulation study. The models for the scheduling schemes were developed as modifications of the OPNET switch and station models as well as the corresponding workload generation framework. The simulation results for scenarios 1 – 3 are based on the system parameters shown in Figure 3.

Each application in the station model can act as the end point of a connection for a confirmed service (client or server) or an unconfirmed service (sender, receiver). Upon receiving a requester telegram for a confirmed service on the server side, a reply telegram is sent back to the client immediately. A user priority can be assigned to every message type. The corresponding statistics for the performance metrics are provided in the sinks for the relevant end points. The service discipline (FCFS, PQ, CQ) is implemented within the MAC layer. For Priority Queuing, the number of available traffic classes can be parameterized.

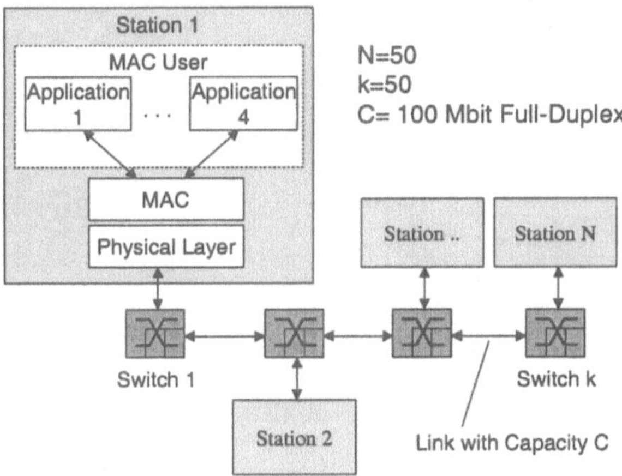

Fig. 3. Simulation Setup

A major benefit for end users of modern bus systems in industrial automation is the reduction of cabling. Hence it is advantageous to avoid the star topologies common in Ethernet networks. Consequently, in the configuration being investigated each station 1 … N has its own switch. In an implementation, the switch would be an integral part of the device and have at least two ports. This yields a „bus-like" topology. A comparison of the „bus-like" topology with the common used star topology is considered in [7] and shows that the transaction times in a bus-like topology are larger than the transaction times in a star topology to more than an order of magnitude.

4.4 Results

It would be too time consuming to examine all the connections in a given scenario, therefore we focus on the connection with the highest load or the station with the highest degree of communication $\delta_{(station\ i)}$. The degree of communication $\delta_{(station\ i)}$ is the number of parallel logical communication relationships of the station i with $1 \leq i \leq N$. In the scenarios described above, station 1 has the highest degree of communication because it communicates with all other stations due to the central information flow distribution. Corresponding to the given workload, $\delta_{(Station\ 1)} = 196$ and $\delta_{(Station\ i)} = 4$ for $2 \leq i \leq N$. The resulting network load of stations 2 to N offered to station 1, is larger than the network load produced by station 1 because of the design of MT_2 and the asymmetry of MT_4. Therefore we now focus on the average Layer 2 load offered to station 1, in the following designated as $p_{Station1}$ or simply called load.

The following figures show the mean values and 99%-percentiles of the individual message types $MT_1 - MT_4$ as a function of the offered load and queuing strategy.

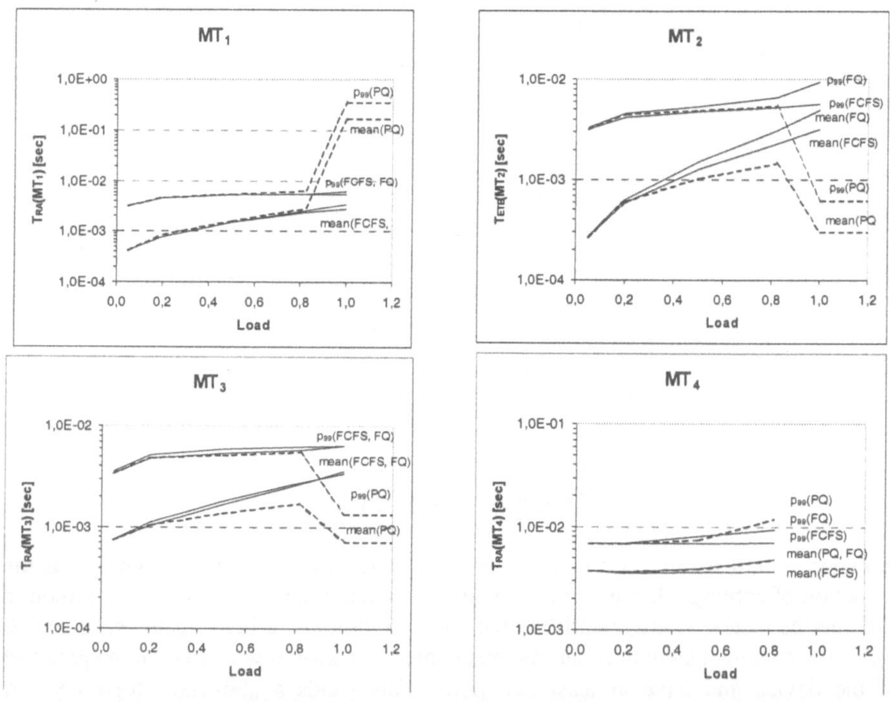

Fig. 4. Transaction times of the four message types
as a function to the resulting load in a „bus-like" topology

The above diagram shows that the system operates stably up to a load of at least 80 % independent of the queuing strategy. Up to a load of 50% the mean values and the 99%-percentiles of $T_{RA}(MT_i)$ and $T_{ETE}(MT_i)$ are almost identical for all scheduling strategies. The influence of the queuing strategy becomes noticeable for higher loads. In the case of PQ, the mean and P_{99} of the lowest priority MT_4 increases with the load, but when the load reaches 1, MT_4 is suppressed and these performance values decrease for the highest priority class MT_3 as the long MT_4 packets are no longer transmitted. Notice also that FQ treats the two lowest priorities MT_4 and MT_1 better than PQ (in the load range up to 1). Moreover, the mean and P_{99} of MT_1 at a load of 1 (where MT_4 is suppressed by PQ and FQ) is significantly better for FQ than PQ. For FQ as compared to PQ there is a more gradual increase in mean and P_{99} of MT_1, MT_2 and MT_3. In the case of FCFS, the performance metrics are the same for all priorities (as they are all treated equally) and increase with the load as is to be expected. However, FCFS has no capability to favor classes in an overload situation.

4.5 Unfair Behavior of a Message Type

A further simulation experiment was carried out to show the effect of an unfair, burst like behavior of class MT_3 on the response time and throughput of MT_1[2]. For a load of 0.5, Class MT_3 is activated at time $T = 11s$ and disabled at time $T = 12s$. All other parameters are as in tables 7 and 8. The packet inter-arrival time for MT_3 was set at $T=200\ \mu s$, corresponding to a packet rate of 50000 pkts/sec. The load generated by MT_3 alone is 66% and, together with the load due to the other classes, the system is overloaded. The results for the 3 scheduling strategies are displayed below. The time behavior and data throughput of the unfair class MT_3 and the impact on class MT_1 as a representant of the other classes is shown.

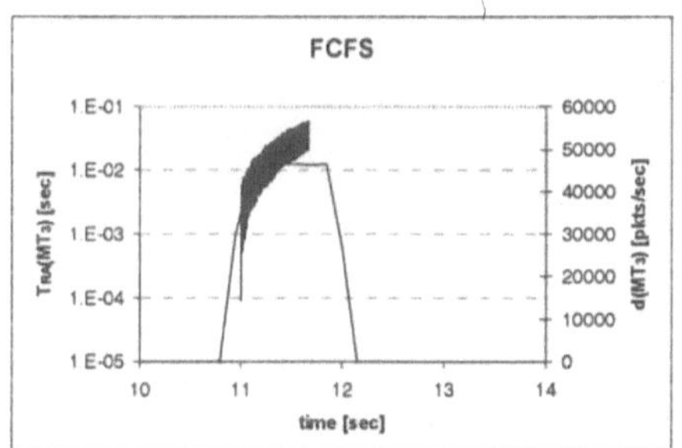
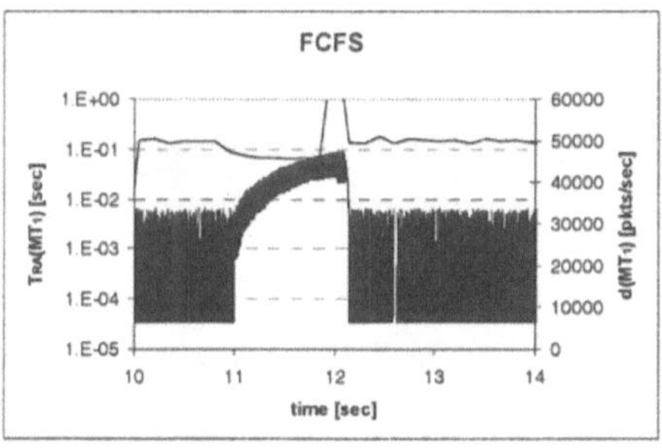

Fig. 5. Time curve of the response time and the data throughput
in class MT_1 (right) and MT_3 (left)for the FCFS strategy

---

[2] MT_1 represents in this scenario the cyclic exchange of process data and thus the major part of the continual communication in an automation system. A disturbance of the real-time behavior of this class can have a significant impact on system control.

For FCFS we see that the response times in MT_3 and in MT_1 both increase continually after the overload in MT_3 has been activated at $T = 11s$. The throughput of MT_1 decreases at the same time. After MT_3 has become inactive at $T = 12s$, the throughput in MT_1 increases temporarily, since the backlog in the MT_1 queue can be served with the bandwidth now available. Thereafter the service rate in MT_1 matches its generation rate.

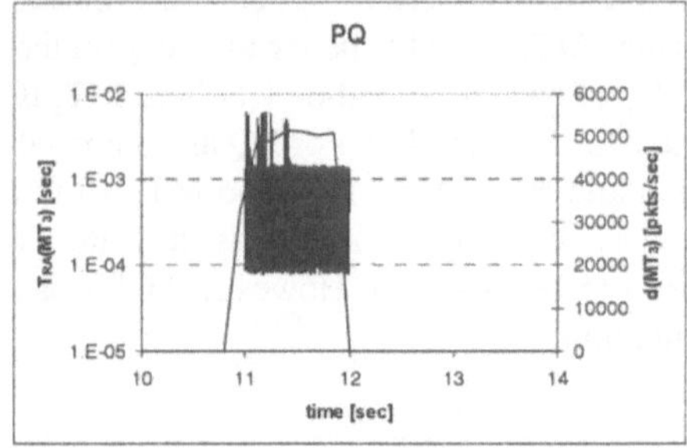 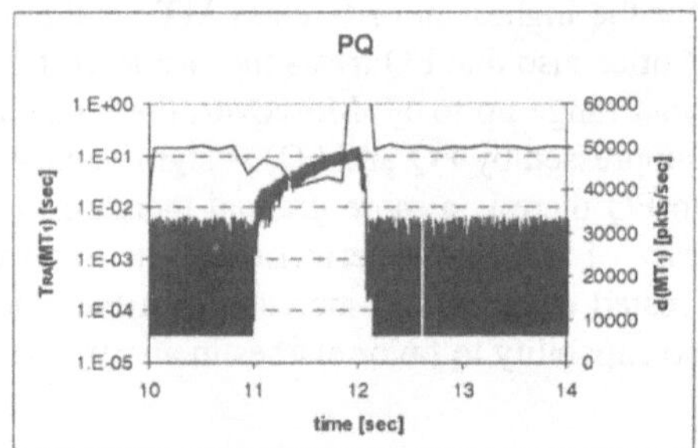

Fig. 6. Time curve of the response time and the data throughput
in class MT_1 (right) and MT_3 (left)for the PQ strategy

For PQ we see that the class MT_3 (user priority high) is given favored service. The throughput in MT_3 equals the generation rate of 50000 pkts/s. This leads to a discrimination of the lower priority classes. For example, the response time for MT_1 (user priority medium) increase. The impact of the unfair behavior of MT_3 on MT_1 is otherwise as for FCFS above.

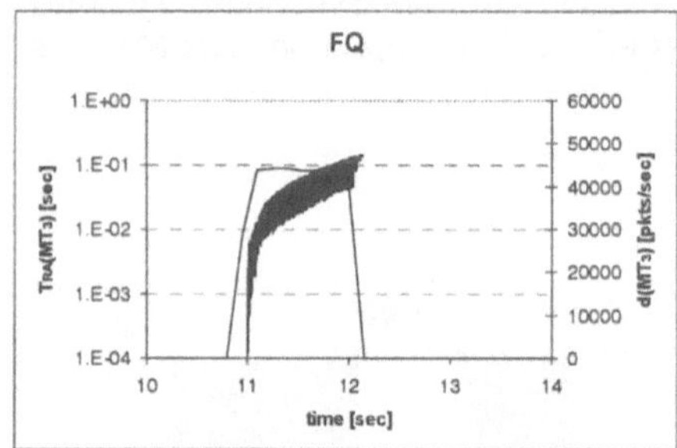 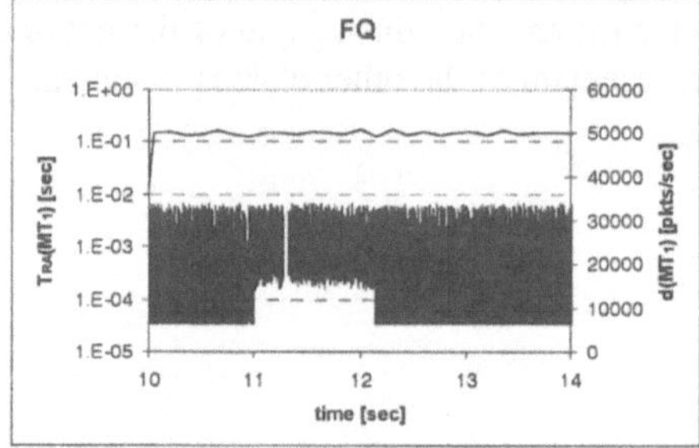

Fig. 7. Time curve of the response time and the data throughput
in class MT_1 (right) and MT_3 (left)for the FQ strategy

On the other hand, for FQ we observe that the unfair behavior of MT_3 has little impact on the other message types such as MT_1. MT_3 is limited to a throughput of 43942 pkts/sec due to the settings of the Queue Credits. Since the MT_3 generation rate is higher, the response time in MT_3 increases continually over the period of MT_3's activation.

5.   Conclusions

The real-time capabilities of switched Ethernet networks were evaluated in this study using a typical scenario occurring in industrial automation. It was assumed that each station has its own switch (possibly integrated) in analogy to fieldbus techniques. In this case almost no dedicated infrastructure elements are required. On the one hand, this leads to a line topology favorable for cabling, on the other hand a high number of switches have to be traversed by the traffic flows. The scheduling strategies First-Come-First-Served (FCFS), strict Priority Queuing (PQ) and Fair Queuing (FQ) were investigated for the switches and devices. The use of priority scheduling provides significant advantages compared to a FCFS scheduling strategy if the load is larger than 50%. If, in the case of a specified application, the average load at the station with the highest degree of communication is constantly less than 50%, a similar performance can be achieved with stations and switches without priority support. If a possible unfair behavior by a traffic source has to be taken into account, then Fair Queuing is an effective way to reduce the impact on the other traffic classes. The measured transaction times certainly exclude some applications (for example multi-axis synchronization). However, for a large part of applications in automation technology, in particular on the control level, the switched Ethernet technology based on existing standards can also be applied for the transmission of time-sensitive data.

6.   References

[1] ANSI/IEEE Std 802.1D, ISO/IEC 15802-3, Media Access Control (MAC) Bridges, IEEE, NJ, 1998

[2] D. Heger, K. Watson, "Messung, Modellierung und Bewertung von Rechensystemen", GI/NTG-Fachtagung, NTG-Fachbericht Bd. 80, Ulm 1982

[3] J. Jasperneite, P. Neumann, "Measurement, Analysis and Modeling of Realtime Source Data Traffic in Factory Communication Systems", Proceedings of the 2000 IEEE International Workshop on Factory Communication Systems, WFCS 2000, Porto

[4] MIL3 Inc., "Opnet Modeler 7.0", Washington DC, 1999

[5] IEEE Std 802.1Q-1998, "Virtual Bridged Local Area Networks", IEEE, NJ, 1998

[6] M. Shreedhar, G. Varghese, "Efficient Fair Queuing using Deficit Round Robin", Proceedings of the conference on Applications, technologies, architectures, and protocols for computer communication, Cambridge United States, 1995

[7] J. Jasperneite, P. Neumann, "Switched Ethernet for Factory Communication", Proceedings of the IEEE conference on Emerging Technologies and Factory Automation (ETFA´01), Antibes Juan-les-pins, France, 2001

[8] C. Venkatramani, "The Design, Implementation and Evaluation of RETHER: A Realtime Ethernet Protocol", Dissertation at the State Univ. of New York, November 1996

[9] S.-K. Kweon, K. G. Shin, Q. Zheng , "Statistical real-time communication over ethernet for manufacturing automation systems", IEEE Real-Time Technology and Applications Symposium, June 1999

Ein/Ausgabe in der Automatisierungstechnik mit Internet-Protokollen

Boris Süssmann und Peter Görlitz

Schneider Electric, Automation Business
Steinheimer Straße 117
63500 Seligenstadt
`boris.suessmann@modicon.com`   `peter.goerlitz@modicon.com`

Zusammenfassung IP wurde als *best effort* Protokoll entworfen. In der Automatisierungstechnik hingegen müssen die Echtzeitbedingungen härter erfüllt werden. Dennoch ist es auch hier interessant die Internet-Protokolle auf der Basis von Ethernet zu verwenden. In diesem Papier wird die Eignung von Internet-Protokollen für die dezentrale Ein/Ausgabe untersucht.

Es werden die Anteile an den Internet-Protokollen zu identifiziert, die die Echtzeitfähigkeit zunichte machen. Weiterhin wird ein pragmatischer Ansatz vorgestellt, der keine Echtzeitgarantie bietet, sondern nur eine gewisse Wahrscheinlichkeit. Das Papier stellt Messungen mit verschiedenen Kombinationen von Betriebssystem (Linux, VxWorks, NT), Transport-Protokoll (TCP, UDP) und Netzlast vor.

1   Das Problem

Ethernet wird immer billiger und leistungsfähiger. Inzwischen ist die Datenrate um Größenordnungen höher als bei den klassischen Feldbussen. Dazu kommt, dass die Ethernet-Bausteine und -Module durch die Massenfertigung immer günstiger werden. Somit ist es auch für die Automatisierungsbranche interessant, diese Komponenten einzusetzen.

Verwendet man schon Ethernet für die physische Schicht und den Medienzugang, so bieten sich die Internet-Protokolle für das *routing* und den Datentransport an.

In [Kap01] wird Richard H. Caro von ARC Advisory Group mit "[high-speed Ethernet networks] dominate control level networks for process control in the next five years" zitiert. In [Car01] legt er das genauer dar.

2   Das Protokoll

Ausserhalb Deutschlands ist das Modbus-Protokoll [Mod96] zur Vernetzung von Automatisierungskomponenten weit verbreitet. Klassisch wurde es zur Punkt-zu-Punkt-Vernetzung und als ModbusPlus zur Mehrpunkt-Vernetzung mit *routing* eingesetzt. Dieses Protokoll umfasst Kommandos zum Lesen und Schreiben von

Registern in einer Steuerungskomponente. Weiterhin gibt es noch weitere Spezialkommandos zum Schreiben und Auslesen von Anwendungsprogrammen und ähnliches.

Jedes Kommando besteht aus einem *request* mit dem Auftrag und einer *response* mit dem Ergebnis des Auftrags. Für den Fall der Ein/Ausgabe mit dezentralen Modulen sind nur die beiden Kommandos zum Lesen beziehungsweise Schreiben eines Registerwerts interessant.

Als Punkt-zu-Punkt-Protokoll kann man es natürlich auch über eine TCP-Verbindung einsetzen. Dies wurde als OpenModbus/TCP [Swa99] dann auch definiert. Für dieses Protokoll wurde der *port* 502 sowohl für TCP als auch UDP registriert. Im Gegensatz zum seriellen Modbus-Protokoll verzichtet OpenModbus/TCP auf eine Prüfsumme, denn TCP sichert schon die Datenübertragung gegen Fehler. Dafür besitzt jedes Telegramm einen Kopf aus Transaktionsnummer, einem Protokoll-Identifikator und einer Längenangabe des Modbus-Pakets.

3 Der analytische Ansatz

Betrachtet man nun den Protokoll-Stapel für die Ein/Ausgabe, so kann man für jede Ebene die Determiniertheit bestimmen, beziehungsweise welche Maßnahmen ergriffen werden müssen, um ein deterministisches System zu erhalten. Dabei ist es hilfreich, sich an den Ebenen des IP-Stapels zu orientieren.

3.1 Medienzugang

Ethernet wurde als ein CSMA/CD System entworfen, bei dem ein Sender prüft, ob das Medium frei ist und dann sendet, wenn es frei ist. Da trotzdem mehrere Sender zugleich eine Übertragung beginnen können, lesen die Sender auch ihre Übertragung mit und brechen sie sofort ab, wenn sie eine Verfälschung (Kollision) feststellen. Nach einer Kollision warten die Sender eine zufällige Zeitspanne, bevor sie einen neuen Sendeversuch starten. Dieses Verfahren löst zwar Kollisionen auf und verhindert, dass sich Sender auf Kollisionen einschwingen, führt aber auch eine Indeterminiertheit ein.[1]

Das Problem lässt sich aber leicht lösen, wenn man definiert, dass nur ein Sender auf einem Adernpaar sendet. Mit den inzwischen preiswerten *switches* und *twisted-pair* Verkabelung gibt es keine Kollisionen mehr und das Übertragen von Ethernet-Rahmen ist deterministisch.[2] Man kann die *switches* auch einsetzen, um Kollisions-Domänen zu bilden. Innerhalb der Kollisions-Domänen kann es zu Kollisionen kommen, aber die Wahrscheinlichkeit dafür ist tolerabel.

---

[1] Streng genommen bricht der Sender einen Sendeversuch nach der 15. Kollision ab. Dafür lässt sich somit auch eine maximale Zeitdauer angeben.

[2] Dazu müssen die *switches* sich allerdings auch deterministisch verhalten. Sie dürfen also keinen Rahmen, auch bei maximaler Last, verlieren. Zum deterministischen Verhalten von *switches* siehe [Ros99]

3.2 Internet

Die Internet-Ebene ist im Gegensatz zum Medienzugang ein härteres Problem.
Nach [Pos81], [Bra89] und [Bak95] ist es nämlich einem Internet-Knoten durchaus gestattet, ein Paket zu verwerfen. Deshalb wird im allgemeinen das *internet
protocol* (IP) als *best effort* Protokoll bezeichnet. Hier hilft nur der Eingriff in
die Implementation des Stapels auf allen Knoten der Route vom Sender zum
Ziel. Die Implementation muss so ausgelegt werden, dass keine Pakete verworfen
werden.

Ein anderes Problem auf dieser Ebene ist die Auflösung von MAC-Adressen
(Ethernet-Adressen). Die IP-Adresse des Empfänger wird normalerweise mit Hilfe des *address resolution protocols* (ARP) zu seiner MAC-Adresse aufgelöst. Diese IP-nach-Ethernet-Adress-Abbildung wird dann üblicherweise in einem Zwischenspeicher (*cache*) gepuffert. Das führt eine weitere Indeterminiertheit ein,
da nicht berechnet werden kann, wann eine Adresse aufgelöst werden muss und
wie lange das dauert. Um die Indeterminiertheit zu beseitigen, muss man nur
die entsprechenden Einträge statisch im Zwischenspeicher anlegen können. Was
auch die üblichen Implementierungen sowieso schon anbieten.

3.3 Transport

Beim *user datagram protocol* (UDP) nur Anwendungsdaten mit einem einfachen
Kopf ohne ein zusätzliches Protokoll in IP-Pakete verpackt übertragen. Wenn
die IP-Implementierung schon ein deterministisches Verhalten hat, so ist UDP
damit fast automatisch deterministisch.

Beim *transport control protocol* (TCP) ist das leider nicht so. Das Problem mit TCP ist nämlich, dass es eine gesicherte Verbindung herstellt. Dazu
müssen mit Hilfe eines *handshake* Protokolls Sender und Empfänger synchronisiert werden. Bei Verlust oder zu starker Verzögerung eines Pakets initiiert TCP
selbständig die erneute Übertragung des verlorengegangenen Pakets. Auch die
Mechanismen zur Vermeidung von Datenstaus (*congestion avoidance*) sind problematisch. Da dieses Verhalten bei der zyklischen Ein/Ausgabe (*IO scan*) bei
Automatisierungsgeräten unerwünscht ist, wird es hier auch nicht weiter untersucht. Man kann hier leichter auf ein verlorenes Paket verzichten, da im nächsten
Zyklus wieder die aktuellen Daten übertragen werden. Ist die Zykluszeit klein
genug, so hat der Verlust gar keine Auswirkungen.

4 Der pragmatische Ansatz

Für viele Echtzeit-Betriebssysteme im kommerziellen Umfeld steht der Quellkode
nicht zur Verfügung. Schon allein deshalb verbietet sich eine theoretische Analyse. Auch wird in [BMK88] für das klassische 10-MBit-Ethernet an Hand der
große Unterschiede zwischen theoretisch ermittelten und praktisch gemessenen
Durchsatz- und Verzögerungswerten das Problem einer theoretischen Analyse
von Ethernet-basierten Netzen deutlich.

Beim pragmatischen Ansatz betrachtet man das ganze System als einen Baustein, der einer Endkontrolle unterzogen wird. Dies ist ganz analog zur Fertigung von elektronischen Bauteilen, wo der Fertigungsprozess den Rahmen vorgibt und durch Messungen die Bauteile in Kategorien eingeteilt werden (z. B. Taktspezifikation bei Prozessoren). Dafür benötigt man eine messbare Kenngröße, die das Echtzeit-Verhalten spezifiziert. Die in [GW00] dargestellte orthogonale Walsh-Korrelation erlaubt die Quantifizierung des Schräglaufs und des *jitters*. Zur Beurteilung des zyklischen Abtastens der Ein- und Ausgänge ist allerdings eine Kenngröße gesucht, die die Wahrscheinlichkeit angibt, dass der Abtastvorgang rechtzeitig beendet wurde.[3]

4.1 Die Kenngröße

Betrachtet man Automatisierungssysteme, so gibt es neben den hart echtzeitfähigen Systemen auch viele, die nicht so streng die Einhaltung einer maximalen Antwortzeit erfordern. Hier besteht keine Gefahr, wenn die Echtzeitbedingung verletzt wird. Allerdings verursacht die Verletzung in gewisser Weise höhere Kosten. Zum Beispiel soll ein Vereinzeler so angesteuert werden, dass er ein Werkstück solange aufhält, bis der nächste Platz frei ist. Je schneller das geschieht, desto höher ist der Durchsatz der Anlage. Es kann aber sein, dass es für den Betreiber durchaus noch akzeptabel ist, wenn ab und zu nur ein kleiner Ausreisser dabei ist.

Dazu legt man einen Intervall fest, innerhalb dessen die Verzögerung bedingungslos akzeptiert wird. Diese Zeit entspricht der maximalen Verzögerung bei harter Echtzeit.

Definition 1 (Härte). *deadline D sei der Zeitpunkt, zu dem eine Reaktion des Systems auf ein Ereignis erfolgt sein muss. In diesem Artikel wird die deadline immer auf den Zeitpunkt $t_0 = 0$ bezogen.*

Sei M_1 die Menge aller gemessenen Reaktionszeiten und

$$M_2 = \{x \in M_1 | x \leq D\}$$

So sei die absolute Härte h definiert als

$$h := \frac{|M_2|}{|M_1|}$$

Anders ausgedrückt ist die Härte die Wahrscheinlichkeit, dass das System innerhalb der *deadline* auf ein Ereignis reagiert.

Umgekehrt lässt sich durch die Messung an einem System für eine vorgegebene Härte die *deadline* bestimmen.

---

[3] [Jas99] stellt Messungen der Zwischenankunftszeiten bei verschiedener Hintergrundlast bei einem *request response* Protokoll. [Bri99] bestimmt die erreichbare Zyklusdauer bei über Modbus/TCP angeschlossenen Ein/Ausgabe-Baugruppen.

4.2 Der Messaufbau

Der Messaufbau unterteilt sich in das eigentliche Messgerät und die Versuch-
sumgebung (siehe Abbildung 1). Der Test-Rechner implementiert die Testfunk-
tion, die darin besteht, zyklisch die Eingänge zu lesen und auf die Ausgänge
zu spiegeln. Das zyklische Lesen und Schreiben ist typisch für eine Speicher-
programmierte Steuerung (SPS). Durch die Dauer des Lese-Schreib-Zyklus ist
natürlich auch eine untere Grenze für eine mögliche *deadline* vorgegeben.

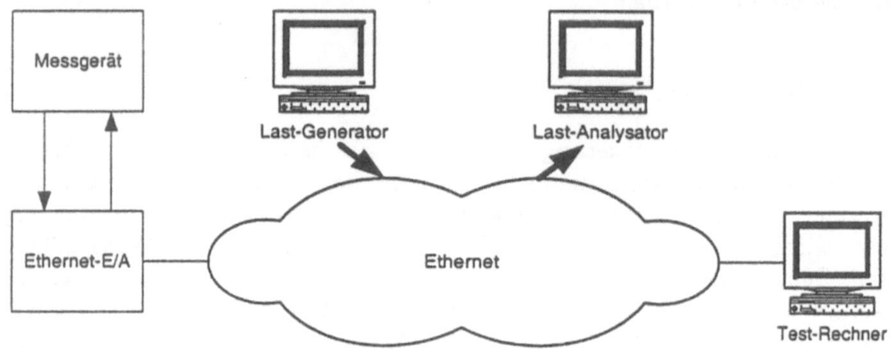

Abbildung 1. Messaufbau

Das Messgerät setzt ein Ausgangssignal und misst die Zeit, die vergeht bis
das Signal am Eingang des Messgeräts ankommt. Zwischen zwei Messzyklen
wartet das Messgerät eine zufällige Zeitdauer t_s, wobei $0 \leq t_s \leq T_{di}$ und T_{di} die
zuletzt gemessene Verzögerung des Signals ist. Da sich sonst das Messgerät auf
den Schreib-Lese-Zyklus des Testprogramms synchronisieren würde.

Last-Generator und -Analysator sind PCs (Pentium 233 MHz) mit Windows
NT als Betriebssystem. Zur Verkehrsgenerierung und -analyse kommt Observer
v7.1 von Network Instruments zum Einsatz.

Das Signalspiegel-Programm kann Modbus-Telegramme über TCP und UDP
versenden. Es wurde Posix-konform entwickelt. Damit ist es auf den verschiedenen Betriebssystemen nahezu unverändert kompilierbar. Als Betriebssysteme
kommen VxWorks 5.4, Windows NT 4.0 und Linux 2.2.16 als Testsystem zum
Einsatz.

Als Ethernet-E/A kommt eine modifizierte 170 ENT 110 00 mit einer digitalen Grundplatte 170 ADM 350 10 von Schneider Electric zum Einsatz.

Gemessen wird jeweils mit einer von Observer generierten Hintergrundlast.
Die Hintergrundlast besteht aus 100 Byte großen Ethernet-Rahmen, die an keine im Testnetz existierende Hardware-Adresse gerichtet sind. Die Anzahl der
Rahmen wird zwischen 0 und 5000 frames/s variiert. Jeweils werden über einen
statistisch aussagekräftigen Zeitraum die Verzögerungen gemessen.

4.3 Die Messergebnisse

Die Messreihen werden mit R [VStRDCT01] ausgewertet. Für jede Messreihe werden Histogramm, empirische kumulative Verteilungsfunktion und Messwerte-Graph erstellt.

Die hier vorgestellten Messungen umfassen jeweils 25000 gemessene Verzögerungen.[4]

In den Abbildungen 2–4 sind von allen drei untersuchten Betriebssystemen die empirische Verteilungsfunktion gezeigt. Die empirische Verteilung entspricht der in Definition 1 definierten Härte h des kompletten Systems. Bei genauer

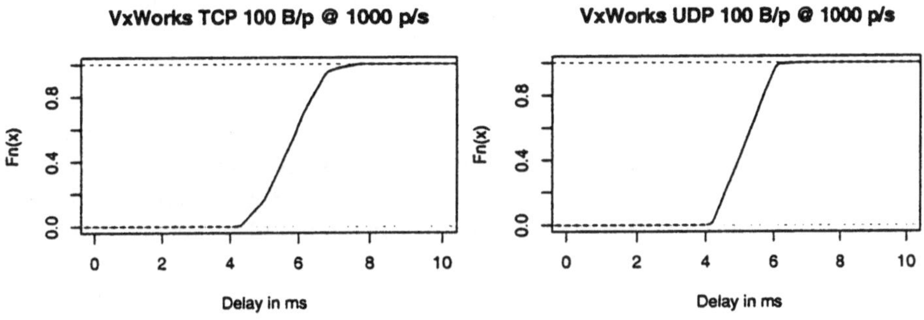

Abbildung 2. Empirische kumulative Verteilung für VxWorks 5.4

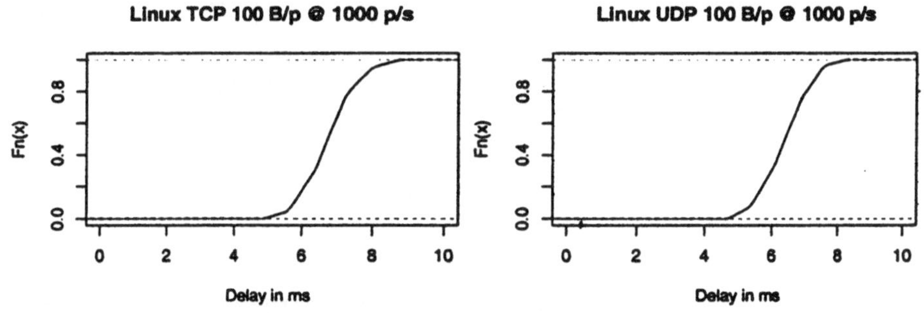

Abbildung 3. Empirische kumulative Verteilung für Linux 2.2.16

---

[4] Die Diagramme nehmen abhängig von der Anzahl der Messpunkte sehr viel Speicherplatz ein. Deshalb sind die hier dargestellten Diagramme beschränkt.

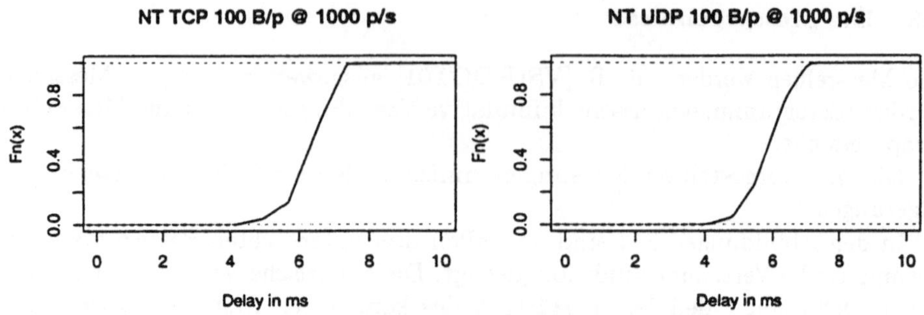

Abbildung 4. Empirische kumulative Verteilung für NT 4.0

Betrachtung der Verteilungsfunktionen von NT fällt auf, dass sie relativ scharf bei etwa 6, 9 ms abknicken und dann sehr schwach bis etwa 14 ms ansteigen. Aus dem Histogramm wird diese Verteilung deutlicher. In Abbildung 5 sind deshalb die Histogramme von Linux und NT im Falle von UDP gegenübergestellt. Aus denen klar ersichtlich ist, dass für NT Verzögerungen bis 14 ms gemessen wurden.

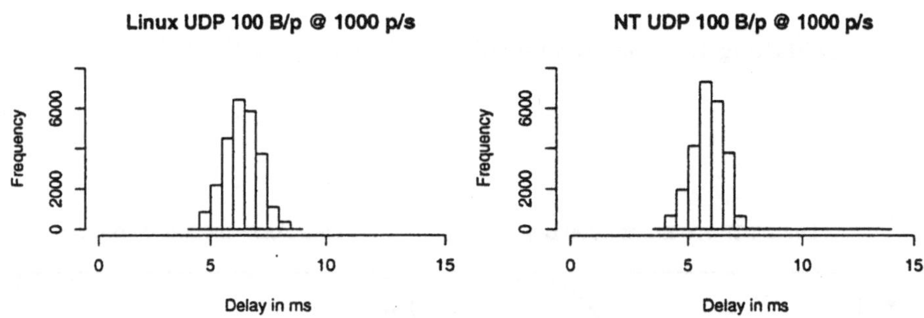

Abbildung 5. Histogramm

Bei einer Hintergrundlast von 3000 frame/s bei 100 Byte großen *frames* wird die Streuung etwas breiter. Die Diagramme unterscheiden sich allerdings so wenig von den in den Abbildungen 2–4 gezeigten, dass sie hier nicht dargestellt werden müssen. Das Ergebnis ist allerdings interessant, da die mit Observer gemessene Netzlast jetzt ungefähr 40 % beträgt. Allerdings ist die Hintergrundlast ebenso wie die Last des Testprogramms nahezu periodisch.

Heraufsetzen der Hintergrundlast auf 5000 frame/s bei 100 Byte großen *frames*, erzeugt von zwei PCs mit 3000 frame/s und 2000 frame/s, führt zu einer weiteren Abflachung der Verteilungsfunktionen. Der Mittelwert bleibt bei allen Kombinationen unter 6.1 ms. Allerdings nimmt die größte gemessene Verzögerung auf, im Falle von NT/TCP, 85 ms zu. Der Unterschied des Mittelwert der Verzögerung zwischen UDP und TCP liegt unterhalb der Messgenauigkeit. Abbildung 6 zeigt den Messwerte-Graph für Windows NT. Zu beachten ist, dass die

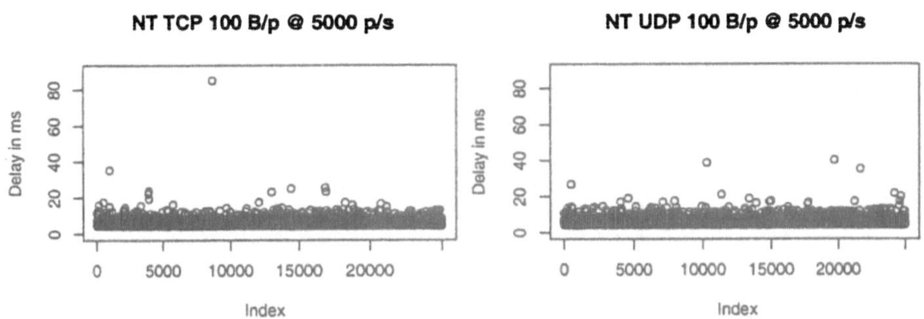

Abbildung 6. Messwerte-Graph

maximale gemessene Verzögerung bei UDP erheblich kleiner ist und sich durch einen *timeout*-Parameter beeinflussen lässt. Bei TCP ist man hingegen auf die Implementierung des *timeout*-Verhaltens TCP-Stapel festgelegt.

5 Schlussfolgerung

Eine weitere Möglichkeit, ein deterministisches Zeitverhalten zu einem *internet* hinzuzufügen, bietet das *quality of service (QoS) routing*. Hierbei wird für den Kanal vom Sender zum Empfänger im voraus eine gewisse Dienstgüte ausgehandelt. Alle *router* vom Sender zum Empfänger garantieren dann die Einhaltung dieser Dienstgüte. In dieser Arbeit wurde diese Möglichkeit nicht betrachtet, da eine einfache Möglichkeit gesucht wurde, einfache Ein/Ausgabe-Baugruppen über Ethernet anzubinden. Die Aushandlung der Dienstgüte ist für das anvisierte Einsatzgebiet (zyklisches Einlesen von Sensorwerten und Setzen von Aktorwerten) uninteressant, da sich in diesem Einsatzszenario normalerweise keine *router* zwischen Sender und Empfänger befinden.

Die durchgeführten Messungen zeigen, dass Ein/Ausgabe in der Automatisierungstechnik mit Internet-Protokollen möglich ist. Sie stellen in vielen Fällen, in denen keine (nach Definition 1) 100% harte Echtzeit gefordert ist, eine kostengünstige Alternative dar. Dies ist für die PC-basierte Steuerungssystem ein wichtiges Ergebnis. Besonders Agenten-basierte Steuerungssysteme ([SNS01],

[BS00]) werden davon profitieren, wenn sie einfache Steuerungslogik über die normale PC *hardware* implementieren.

A Abschätzung der Netzlast

Nach [BMK88] beträgt die minimale Länge eines Ethernet-Rahmens 64 Byte inklusive *header* und *frame check sequence*. Das heisst, es bleiben 46 Byte Nutzdaten im kleinstmöglichen Ethernet-Rahmen. TCP/IP benötigt ohne Optionen 40 Byte und UDP/IP 28 Byte. In Tabelle 1 sind die Längen der OpenModbus-Telegramme und der daraus folgende Ethernet-Rahmen aufgeführt.

Telegramm-Typ	Länge OpenModbus	Länge (Ethernet-Rahmen)	
		TCP/IP	UDP/IP
request read multiple registers	$8+4$	70	$\max(64,58)$
response read multiple registers	$8+1+2n$	$67+2n$	$\max(64,55+2n)$
request write multiple registers	$8+5+2n$	$71+2n$	$\max(64,59+2n)$
response write multiple registers	$8+4$	70	$\max(64,58)$

Tabelle 1. OpenModbus-Funktionstelegramme und ihre Länge (n Anzahl Registerworte)

Sei m die Anzahl von Ein/Ausgabe-Baugruppen, $n_{r,i}$ die Anzahl zu lesender Eingangsworte von Baugruppe i und $n_{w,i}$ die Anzahl zu schreibender Ausgangsworte von Baugruppe i. Dann ergibt sich die Anzahl zu transferierender Bytes für einen Zyklus wie folgt:

$$N_{tcp} = \sum_{i=0}^{m-1} \left(70 + (67 + 2n_{r,i}) + (71 + 2n_{w,i}) + 70\right) \tag{1}$$

$$N_{udp} = \sum_{i=0}^{m-1} \left(64 + \max(64, 55 + 2n_{r,i}) + \max(64, 59 + 2n_{w,i}) + 64\right) \tag{2}$$

Nimmt man $n_{r,i} = 1$ und $n_{w,i} = 1$ an, so ergibt sich die benötigte Ethernet-Bandbreite B für die Zyklusdauer T_Z zu:

$$B_{tcp}(m, T_Z) = \frac{m}{T_Z} 280 \, \text{byte} \tag{3}$$

$$B_{udp}(m, T_Z) = \frac{m}{T_Z} 256 \, \text{byte} \tag{4}$$

Aus Abbildung 7 kann man unter der Prämisse (nach [Swa98]), dass sich ein *shared* Ethernet bis zu 10% Auslastung deterministisch verhält, entweder die maximale Anzahl von Geräten beziehungsweise die minimale Zyklusdauer bestimmen.

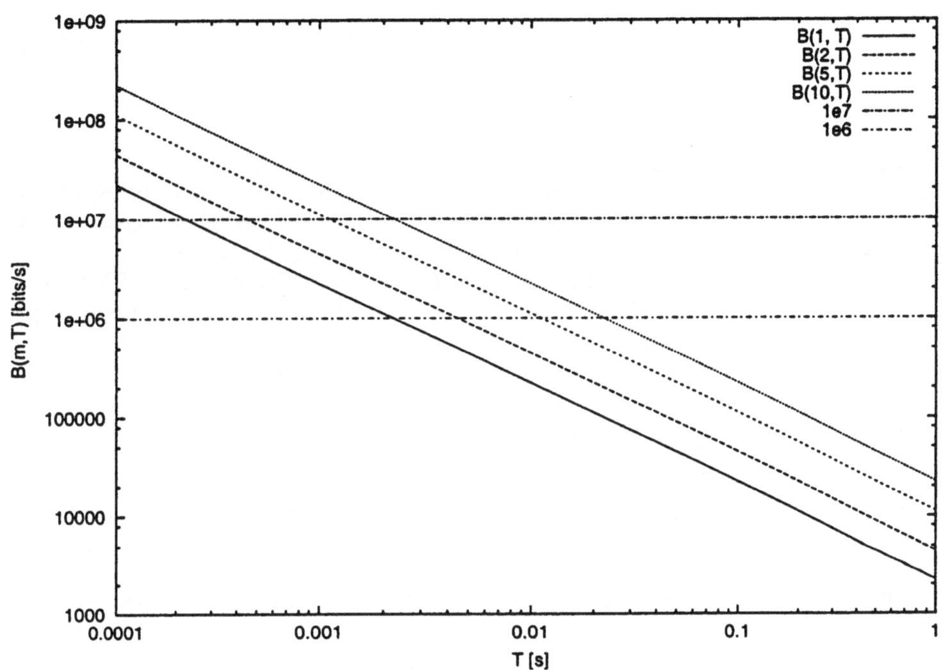

Abbildung 7. $B_{tcp}(m, T_z)$

Literatur

[Bak95]   BAKER, FRED: *Requirements for IP Version 4 Routers*, Juni 1995.

[BMK88]   BOGGS, DAVID R., JEFFREY C. MOGUL, and CHRISTOPHER A. KENT: *Measured capacity of an ethernet: Myths and reality*. Technical report, Digital Western Research Laboratory, Palo Alto, California, 1988.

[Bra89]   BRADEN, ROBERT: *Requirements for Internet Hosts – Communication Layers*, October 1989.

[Bri99]   BRILL, MANFRED: *Control Intranet- Ethernet-basierte Automatisierungsnetzwerke*. In: *Tagungsband SPS IPC Drives Nürnberg 1999*, Seiten 316–325, Heidelberg, 1999. Hüthig Verlag.

[BS00]   BUSSMANN, STEFAN and KLAUS SCHILD: *Self-organizing manufacturing control: An industrial application of agent technology*. In *The Fourth International Conference on Multi-Agent Systems (ICMAS '2000)*, Boston, 2000.

[Car01]   CARO, RICHARD H.: *Ethernet wins over industrial automation*. IEEE Spectrum, page 114, January 2001.

[GW00]   GERTH, W. und B. WOLTER: *Orthogonale Walsh-Korrelation zur qualitativen Beurteilung der Reaktivität von Betriebssystemen*. In: HOLLECZEK, PETER (Herausgeber): *PEARL 2000: Echtzeitbetriebssysteme und Linux*, Seiten 33–42, Boppard, 2000. Springer-Verlag.

[Jas99]   JASPERNEITE, JÜRGEN: *Echtzeitfähigkeit von Ethernet-TCP/IP*. In: *Tagungsband SPS IPC Drives Nürnberg 1999*, Seiten 248–258, Heidelberg, 1999. Hüthig Verlag.

[Kap01]   KAPLAN, GADI: *Ethernet's winning ways*. IEEE Spectrum, pages 113–115, January 2001.

[Mod96]   MODICON, INC., North Andover, Massachusetts: *Modicon Modbus Protocol Reference Guide*, June 1996.

[Pos81]   POSTEL, JON: *Internet Control Message Protocol*, September 1981.

[Ros99]   ROSTAN, MARTIN: *Quo Vadis Industrial Ethernet*. In: *Tagungsband SPS IPC Drives Nürnberg 1999*, Seiten 306–315, Heidelberg, 1999. Hüthig Verlag.

[SNS01]   SCHOOP, RONALD, RALF NEUBERT, and BORIS SÜSSMANN: *Flexible manufacturing control with plc, cnc and software-agents*. In *Fifth International Symposium on Autonomous Decentralized Systems*, pages 365–371, Texas, March 2001.

[SS00]   SCHNEIDER, MARTIN und STEFAAN C. SONCK: *UDP basierte Middleware für Echtzeitkommunikation über Ethernet*. In: *Tagungsband SPS IPC Drives Nürnberg 1999*, Seiten 143–150, Heidelberg, 2000. Hüthig Verlag.

[Swa98]   SWALES, ANDY: *Industrial internets: Enabling transparent factories*. In *Manufacturing Week*, Chicago, 1998.

[Swa99]   SWALES, ANDY: *Open Modbus Spezifikation*. Schneider Electric, March 1999.

[VStRDCT01] VENABLES, W. N., D. M. SMITH, and THE R DEVELOPMENT CORE TEAM: *An Introduction to R — Notes on R: A Programming Environment for Data Analysis and Graphics*. R Project, June 2001.

Funkdatenübertragung nach dem Zeitschlitzverfahren unter RTOS/PEARL

V. Cseke

Beratungs- & Ingenieurbüro CJD
Denecken Heide 9
D – 30900 Wedemark
Ing.Buero.CJD@t-online.de

Zusammenfassung

Im Rahmen eines verteilten Prozessleitsystems mit vielfältigen Übertragungsmechanismen wurde für die Anbindung von drei Außenstationen die Funkdatenübertragung nach dem Zeitschlitzverfahren realisiert. Auf der Grundlage der Vorschriften der Regulierungsbehörde für Telekommunikation erfolgte der Aufbau eines Funknetzes im 445 MHz – Bereich. Um die jährlichen Lizenzkosten für die genutzten Frequenzen möglichst niedrig zu halten, war eine effiziente Ausnutzung des zur Verfügung stehenden Zeitschlitzes von 6 Sekunden pro Minute geboten. Gleichzeitig hat der Betreiber die Anforderung erhoben, in jeder Minute Daten von allen Stationen zu erhalten und in allen Stationen gleichzeitig Befehle abzusetzen. Die Erfüllung dieser Anforderungen wurde auf der Grundlage von Funktechnik der Firma Degetel, Microcontrollersystemen der Firma IEP und einer VME – Bus Prozessorkarte der Firma Motorola (MVME 162) mit Hilfe der Programmierung unter RTOS/PEARL erreicht.

1   Einleitung

Zum Einsatz kam das System der Funkdatenübertragung nach dem Zeitschlitzverfahren beim Wasserverband Garbsen - Neustadt a. Rbge.. Der Wasserverband Garbsen, so die gebräuchliche Abkürzung, versorgt im Nordwesten der Landeshauptstadt Hannover ca. 116.500 Einwohner mit Trinkwasser. Das Versorgungsgebiet umfasst etwa 500 km² mit ca. 26.880 Übergabestellen an die Verbraucher. Das Rohrnetz weist eine Länge von ca. 850 km in den Hauptdimensionen auf. Der Wasserpreis liegt bei einem Preis von 1,65 DM (Stand 2001). Gefördert wird das Wasser durch zwei Wasserwerke, eines im Süden und eines in der Mitte des Versorgungsgebietes. Es werden ca. 5,8 Mio. m³ Trinkwasser pro Jahr an die Verbraucher abgegeben. Für die Wasserverteilung werden 4 Behälter und 7 Druckerhöhungsstationen betrieben.

Alle diese Anlagen sind durch ein Netzwerk auf unterschiedlichster Grundlage und Ausprägung miteinander verbunden. In der Zentrale in Garbsen und im südlichen Wasserwerk sind jeweils redundante Prozessleitsysteme auf VME – BUS – Basis installiert. Programmiert sind diese Systeme unter RTOS-UH/PEARL. Es werden aus dem gesamten technischen Bereich ca. 6.000 Informationspunkte verwaltet. An die VME – BUS – Rechner sind zum Teil diverse SPS - Systeme zur Automatisierung und zur Meldungs- und Messwerterfassung angeschlossen. Zum Teil werden die Meldungen und Messwerte über direkte I/O – Systeme der VME – BUS – Rechner erfasst.

Etwa 500 Messwerte und Zählwerte werden in Archiven gespeichert. Hierbei ist die feinste Zeitauflösung der Langzeitarchivierung ein arithmetischer 1 – Minuten – Mittelwert. Diese Daten werden dann in 5, 15, 30, 60, 120 Minuten-, Tages-, Monats- und Jahresarchive hochverdichtet. Binäre Ereignisse werden in vier Bereichsprotokollen in Form von Ringarchiven mit 10.000 Eintragsplätzen gespeichert.

Die Visualisierung erfolgt auf Grafikstationen mit 21 Zoll – Monitoren. Zur Bedienerführung und Information sind im System ca. 80 Grafikbilder hinterlegt. Die Alarmierung erfolgt über CITYRUF – Systeme. Das Bereitschaftspersonal verfügt über Laptops mit Mobilnetzmodem zur unabhängigen Ankopplung wahlfrei an eine der beiden Zentralen. An dieses System sollte im Rahmen einer Erweiterung eine Gruppe von 3 Druckerhöhungsstationen mit frequenzgeregelten Pumpen angeschlossen werden.

2   Grundlagen

Nach intensiven Recherchen über die möglichen Übertragungswege und deren Kosten, sowohl auf der Investitions- wie auf der Betriebsseite, wurde die bisher vom Wasserverband praktizierte Lösung der Standmietleitungen der Telekom aufgegeben. Ein Einsatz von Telefonwählübertragungen konnte nicht zum Einsatz kommen, da die Daten für die Steuerung der Wasserströme in kurzen Intervallen zur Verfügung stehen müssen. Bei dieser Anforderung laufen sehr schnell hohe Telefonkosten auf. Es schieden ebenso alle Verfahren aus, bei denen die Gebühren an den Datenstrom gekoppelt sind, da möglichst hohe Datenströme angestrebt wurden.

Als Vorbereitung von alternativen Lösungen wurden die Anforderungen an die Auflösung und Laufzeit von Daten aus den Stationen untersucht. Hierbei zeigte sich, das die Betriebsführung im wesentlichen auf die Daten aus den Minutenmittelwerten zurück greift. In den darüber liegenden Fünfminuten - Mittelwertarchiven sind Verteilungsprobleme schon nicht mehr effizient erkennbar. Auftretende Störungen und daraus resultierende Alarme an die Bereitschaftsleistenden sind mit einer zeitlichen Verzögerung von bis zu 5 Minuten noch zu tolerieren, da die vor Ort installierte Automatisierung in der Lage sein muss, fehlertolerant zu reagieren.

In der Diskussion mit der Telekom um Übertragungswege wurde auf die Möglichkeiten der Datenübertragung mit dem Zeitschlitzverfahren hingewiesen.

Durch die Anzahl der stark wachsenden Errichtungen von Datenfunkanlagen hat das BAPT 1996 entschieden, den nicht öffentlichen mobilen Landfunk in 2 Bereiche aufzuteilen. Waren Datenfunkmodems bis zu diesem Zeitpunkt ausschließlich für den mobilen Einsatz zugelassen, wurde für Anwendungen von Festverbindungen eine Regelung zur Sondernutzung erlassen. Im sogenannten Zeitschlitzverfahren sind hierzu bundesweit nur 5 Frequenzen zur ausschließlich professionellen Datenfunk-übertragung genehmigt. Bei diesem Verfahren können jeweils bis zu 10 Anwender innerhalb von einer Minute jeweils 6 Sekunden lang eine gemeinsame Frequenz nutzen. Die erforderliche Synchronisation des vorgegebenen Zeitschlitzes erfolgt durch ein DCF-77 Signal (Atomzeituhr), so dass Überschneidungen ausgeschlossen werden. Dieses Verfahren ist überall dort anwendbar, wo keine zeitkritischen Daten auftreten oder wo über einen festgelegten Zeitraum vor der Übertragung Daten gesammelt werden, um diese dann in einem Bündel zu senden. Die Ausgangsleistung darf bis zu 6 Watt betragen. Richtantennen mit Antennengewinn dürfen eingesetzt werden.

Der Frequenzbereich liegt außerhalb des allgemein genehmigten ISM (Industrial-Scientific-Medical) -Bandes.
Der Anwender hat dadurch folgende Vorteile:
-- hohe Reichweiten (ca. 30 km)
-- Datenübertragung Point-to-Point
-- Datenübertragung Point-to-Multipoint
-- Datenübertragung im Master-Slave Betrieb
-- Datenübertragung für Multimasternetze
-- geringe Interferenzen durch benachbarte Störsender.

Für die weiteren Planungen wurden folgende Amtsblätter als Grundlage herange-zogen (Auszüge aus Amtsblättern):

Zulassung gem. Amtsblatt Nr.19/1995, Vfg. 195/1995
6a) Datenfunkanlagen mit Antennenanschluss
  Für die Zulassung gilt der ETS 300 113 mit den Nationalen Ergänzungen gemäß Punkt 7.
7) Nationale Ergänzungen.
7a) Zuordnung der zulässigen Frequenzbereiche, Kanalabstand
  Frequenzbereich (Zeitschlitz) 440 - 450 MHz, Kanalabstand 12,5 kHz
7b) Eine nicht beabsichtigte Dauersendung muß durch technische Maßnahmen ausgeschlossen werden.
7c) Typische Senderausgangsleistungen:
  Ortsfeste Landfunkstellen 6,0 Watt
  Fahrzeugfunkanlagen 6,0 Watt
  Portable Funkanlagen 2,5 Watt

Frequenzgebührenverordnung gem. Amtsblatt Nr. 17/1997, Vfg. 139/1997
  Gebührentatbestand B.3.8: Frequenzzuteilung für den Betrieb einer Fernwirkfunkanlage: DM 125,--
  Gebührentatbestand B.3.8.1: Zuschlag zu B.3.8. je Sendefunkanlage: DM 10,--

Frequenznutzungsbeitragsverordnung gem. Amtsblatt Nr. 30/1996, Vfg. 228/1996

Bezugseinheit: Sendefunkanlage, Jahresbeitrag je Bezugseinheit: DM 27,--

Hieraus ist ersichtlich, dass für den Betrieb der Stationen z. Zt. eine Jahresgebühr von 27.-- DM anfällt. Der sich hieraus ergebene Kostenvorteil hat letztendlich den Ausschlag für die Entscheidung gegeben, diese Technik einzusetzen.

Die nachfolgende Grafik zeigt die Gesamtanlagenkonfiguration mit der Integration der neuen Außenstationen:

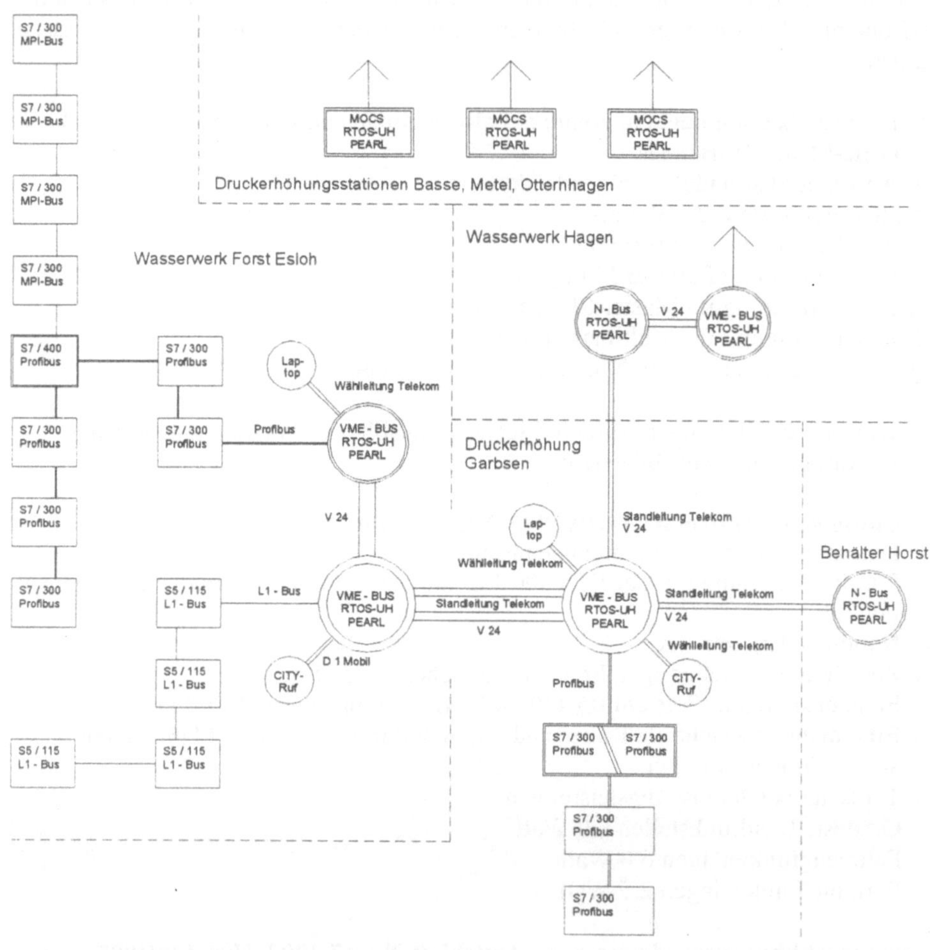

3   Aufbau der Stationen

Für den Aufbau der Außenstationen kamen die grundlegenden Festlegungen des Wasserverbandes hinsichtlich der Trennungen von Funktionen und der Einsatz von bestimmten Systemen zum Tragen. Grundsätzlich gelten für jede Schaltanlage im Bereich des Wasserverbandes folgende Regeln:

- Jeder Schaltschrank ist mit einer hardwaremäßigen Schaltmöglichkeit auszurüsten, die einen eingeschränkten Betrieb auch bei Ausfall aller Automatisierungsfunktionen erlaubt.
- Automatisierungsfunktionen und Fernwirktechnik sind zu trennen.
- Bei Ausfall der Fernwirktechnik muss die Automatisierung autonome Entscheidungen fällen. Bei Ausfall der Automatisierung muss die Fernwirktechnik begrenzte Automatisierungsfunktionen übernehmen.
- Für Automatisierungssysteme kommen Produkte der Firma Siemens, z. Zt. S7 – 300 / S7 – 400 zum Einsatz.
- Für die Fernwirktechnik wird das bestehende System auf der Grundlage von RTOS-UH / PEARL eingesetzt und erweitert.

Nach einem Auswahlverfahren über die möglichen Lieferanten der Funktechnik entschied sich der Wasserverband für die Firma Degetel aus Hamburg. Zusammen mit der Firma Degetel wurden vor Ort Versuchsmessungen durchgeführt und die grundlegenden Gespräche mit der Regulierungsbehörde geführt.

Bei der Beurteilung der örtlichen Verhältnisse und der geografischen Lage der Stationen wurde festgestellt, dass vom Wasserwerk Hagen aus eine Richtfunkantenne mit ca. 30 Grad Öffnungswinkel ausreicht, um alle drei Druckerhöhungsstationen zu erreichen. Auf dem Flachdach des Wasserwerkes ließ sich mit geringem Aufwand ein Antennenmast in Abspannungsbauweise errichten. Bei den Außenstationen in Basse und Metel konnte an den Stationen ein kleiner Mast für die Aufnahme der Antenne errichtet werden. Bei der Station Otternhagen ist auf Grund der Lage im Ort Otternhagen an dem an die Station angrenzenden Gebäude die Antenne an der Giebelwand montiert. Beim Ausrichten der Antennen zeigte sich, dass zwischen den Außenstationen und der Funkzentrale im Wasserwerk Hagen Sichtverbindung besteht, wenn die dazwischen stehenden Bäume keine Blätter tragen.

Der reine hardwaremäßige Aufbau der Stationen inklusive der Anbindung an die Schaltanlage der Pumpstationen wurde von einer ortsansässigen Elektrofachfirma geleistet. Hierbei wurden besonders die Anforderungen zum Schutz gegen Blitzschlag und Überspannungen berücksichtigt. Für die Überbrückung von kleinen Netzausfällen wurden die Stationen mit eigenen USV – Anlagen ausgerüstet.

Im Wasserwerk Hagen wurde als Kopfstation in den vorhanden Fernwirkrechner eine VME – Bus – Karte MVME 162 als Umsetzrechner eingebracht und mit Hilfe einer seriellen Schnittstelle mit dem Fernwirksystem gekoppelt. Ferner erhielt die Kopfstation eine spezielle DCF – Uhr für die Erkennung des Zeitschlitzes. Diese DCF –

Uhr gibt zur eingestellten $^1/_{10}$-Minute ein Hardwaresignal für den Start und das Ende des genehmigten Zeitschlitzes.

Die Ankopplung an den Prozess der Schaltanlage erfolgt über I/O-Kanäle am Fernwirkrechner der Außenstation. Der Fernwirkrechner ist ein Produkt der Firma IEP aus Hannover mit folgenden wesentlichen Merkmalen:

- Das Grundgerät MOCS-1100 stellt 16 digitale 24 Volt Eingänge, 16 digitale 24 Volt / 0,5 A High-Side-Schalter, bis zu 5 serielle Schnittstellen und optional einen InterBus-S-Master für die leichte Erweiterbarkeit zur Verfügung. Die digitalen Ein-/Ausgänge sind in Gruppen zu 4 Kanälen optoisoliert.
- Die digitalen Eingänge können auch als Alarmeingänge (Interrupt), zur Inkrementalgeber-Erfassung, als Impuls- oder Frequenzzähler o.ä. genutzt werden.
- Erweiterungsmodul DI16 mit weiteren 16 Digitaleingängen
- Erweiterungsmodul DO16 mit weiteren 16 Digitalausgängen
- Erweiterungsmodul DIO8 mit weiteren 8 Digitaleingängen und 8 Digitalausgängen
- Erweiterungsmodul AI8 mit 8 Analogeingängen (Strom oder Spannung)
- Erweiterungsmodul AO4 mit 4 Analogausgängen (Strom oder Spannung)
- Die Ankopplung der Erweiterungsmodule erfolgt über den InterBus-S. Eine Busklemme ermöglicht die Realisierung ausgedehnter InterBus-Netze. An den MOCS-1100 sind sowohl Fern- als auch Localbusteilnehmer anschließbar.
- Das leistungsfähige Echtzeit-Multitasking-Betriebssystem RTOS-UH bildet die Grundlage für die einfache Programmierung direkt in den Hochsprachen ANSI-C oder PEARL. Mit der IEC 61131-3-Programmieroberfläche CoDeIEP steht auch eine Soft-SPS zur Verfügung.
- Der MOCS-1100 ist in einem Metallgehäuse untergebracht und kann auf eine Hutschiene TS35 aufgeschnappt werden. Die Anschlüsse sind über steckbare Schraubklemmen geführt. Leuchtdioden an allen Ein-/Ausgängen und für alle wichtigen Betriebszustände geben auf einen Blick Aufschluß über den Status des MOCS-1100.
- Im Inneren des MOCS-1100 arbeitet ein mit 16,67/25 MHz getakteter MC68332, ein 32 Bit Microcontroller von Motorola. Ihm stehen bis zu 2 MByte gepuffertes RAM, 1 MByte EPROM und 1 MByte FLASH zur Verfügung.

Für den Fernwirkkopf im Wasserwerk Hagen kam eine VME – Bus – Karte der Firma Motorola zum Einsatz. Diese wurde in folgender Konfiguration zusammengestellt:

- CPU MVME 162-021A
  32 Bit-Prozessor MC 68040
  25 MHz Taktgeschwindigkeit
  4 MB DRAM

512 KB SRAM
SCSI – Interface
2 serielle Schnittstellen on Bord
IP-Modul IP-OCTAL

- SCSI – Floppylaufwerk FD 235 HS 700
- SCSI – Festplattenlaufwerk 3 GB Speicherkapazität
- Das leistungsfähige Echtzeit-Multitasking-Betriebssystem RTOS-UH bildet die Grundlage für die einfache Programmierung direkt in den Hochsprachen ANSI-C oder PEARL.

4 Programmierung der Übertragungsfunktionen

Für die Festlegung der Übertragungsstrukturen wurden die erforderlichen Informationen über die Anzahl und den Umfang der Übertragungsdaten gesammelt. Hierbei wurde für die Ermittlung die Einbindung einer vierten Außenstation mit berücksichtigt.

Die Auswertung zeigte dann, dass es nicht möglich war, einen Datenverkehr aufzubauen, bei dem erst eine Station aufgerufen und mit den Übertragungswerten von der Zentrale zur Außenstation beschrieben wird und dann die Außenstation ihrerseits Daten an die Zentrale sendet. Der gesamte Ablauf für vier Stationen überschritt den zeitlichen Rahmen von 6 Sekunden. Die Umschaltungen von Senden auf Empfangen und die erhöhte Anzahl an Telegrammköpfen forderte andere Wege. Die realisierte Lösung sieht folgenden Ablauf vor:

- Die Zentrale sendet mit Beginn des Zeitschlitzes ein Telegramm mit dem Inhalt der Befehle und Sollwerte aller drei Stationen. Die Außenstationen gehen ca. 10 sec vor der vermuteten Sendung der Zentrale auf Empfang.
- Die Außenstation liest die eintreffenden Zeichen und sucht die Startzeichenfolge. Wird die Startzeichenfolge erkannt, werden die eintreffenden Daten bis zum Textende gelesen und ausgewertet.
- Mit Erkennen der Startzeichenfolge wird ein Prozess zum Zusammenstellen der zu sendenden Daten gestartet. Ferner wird mit dem Eintreffen der Startzeichenfolge eine Zeitüberwachung gestartet.
- Nach dem Senden geht die Zentrale auf Empfang und liest alle eintreffenden Zeichen bis zum Ende des Zeitschlitzes.
- Die Außenstation überprüft das eingelaufene Datenpaket und vergleicht die einzelnen Sicherungskriterien. Wird das Telegramm als richtig empfangen erkannt, so werden die Datenblöcke des Telegramms zerlegt und der relevante Bereich jeder Außenstation entsprechend weiterverarbeitet. Ferner wird die aktuelle Sicherungsnummer des empfangenen Telegramms in das nächste Sendetelegramm eingesetzt.
- Jede Außenstation hat eine festgelegte Wartezeit, nach der sie, nach Erhalt der Startzeichenfolge von der Zentrale, selbst senden darf. Hierbei ist festgelegt, dass die Station drei mal hintereinander auch dann senden darf, wenn sie zwar die Startzeichenfolge erhalten hat, jedoch das Telegramm

beschädigt war. In der Zentrale wird dies an der fehlenden Schlüsselnummer aus dem Sendetelegramm der Zentrale erkannt. Werden mehr als drei Telegramme nicht richtig empfangen, so stellt die Station die Sendeversuche bis zum nächsten richtigem Telegramm ein.

- Die Zentrale setzt die empfangen Daten für das Leitsystem in die Datenbankstrukturen um und analysiert die empfangen Daten nach Fehlern und leitet hieraus Hinweise über die Güte der Verbindungen ab.
- Gestörte Verbindungen werden entsprechend der Alarmierungsregeln des Wasserverbandes an das Bereitschaftspersonal gemeldet.

Die Wartezeiten wurden in Versuchen ermittelt und stellen sich jetzt wie folgt dar:

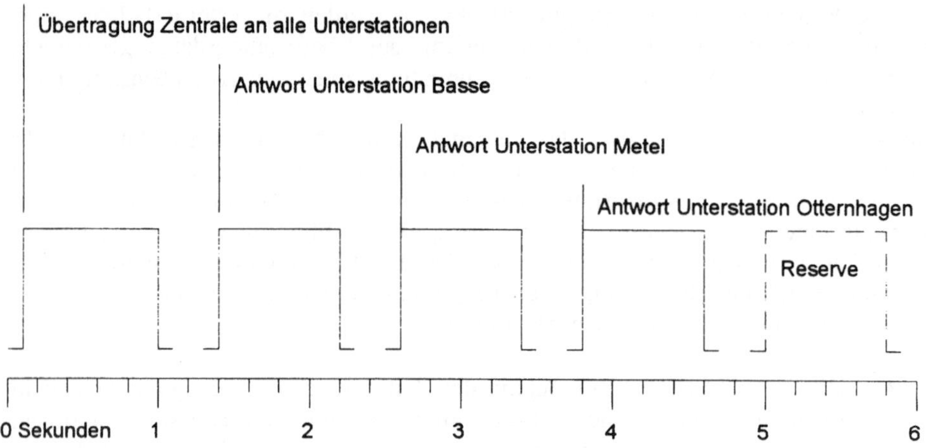

Der Datenumfang für das Telegramm der Zentrale an die Außenstationen beinhaltet folgende Inhalte:

- Schlüssel
- Kennung
- Nummer
- Datum und Uhrzeit
- Datenblock für Station Basse mit 5 Sollwerten und 15 Befehlen
- Datenblock für Station Metel mit 5 Sollwerten und 15 Befehlen
- Datenblock für Station Otternhagen mit 5 Sollwerten und 15 Befehlen
- Telegrammsicherung

Der Datenumfang für die Telegramme der Außenstationen an die Zentrale beinhaltet folgende Inhalte:

- Kennung
- Nummer

- Datenblock für 32 Analogwerte (8 Istwerte, 8 Mittelwerte, 8 Max.-
  und 8 Min.-Werte
- Datenblock für 45 Binärwerte
- Datenblock für 45 Zählwerte (Anzahl der Schaltspiele je Binärwert)
- Telegrammsicherung

5 Inbetriebnahme

Die Inbetriebnahme des Funksystems und der Stationen erfolgte bis zu den ersten Übertragungen von kurzen Testtelegrammen sehr erfolgreich. Mit dem Ausbau des Datenverkehres und den nacheinander erfolgten Inbetriebnahmen der Außenstationen nahmen die Fehler immer weiter zu. Gerade in der ersten Zeit war eine Fehlersuche sehr aufwendig, da sowohl Hardware- wie auch Softwarefehler vorhanden waren. Ferner setzte eine Komponente ein, die im Vorfeld der Untersuchungen keine Rolle gespielt hatte.

Die ersten Störquellen wurden in den Frequenzumrichtern der Außenstationen lokalisiert. Der gesamte mechanische und elektrische Aufbau der Steuerschränke wurde betrachtet und es fanden sich einige Störstrahlungsübertritte. Durch Einbau angepasster Drosseln, geschirmter Leitungen, angepasster örtlicher Montage und Masseverbindungen konnten diese Störquellen beseitigt werden.

Der Beginn der Inbetriebnahmen fand ab den Monaten November statt. Zu dieser Zeit waren die Bäume noch ohne Laub. Durch die einsetzende Vegetation im Frühjahr wurden die Funksignale immer weiter abgeschwächt. Ferner wurden die Stationen durch Wind und Wetter mit Feuchtigkeit beaufschlagt. So manche Kabelverbindung in der Hochfrequenzstrecke musste auf Grund von fehlerhaften Muffen oder Steckverbindern neu erstellt werden. Bei diesen Gelegenheiten wurde auch Dinge wie schlecht oder falsch montierte Blitzschutzsysteme entdeckt. Nach intensivem Suchen auf der funktechnischen Seite konnte dann im Sommer für die noch vorhandenen Ausfälle der Verbindung die große Dämpfung der Signale durch die Vegetation lokalisiert werden.

Um dieses Problem zu beseitigen wurden bei allen Stationen die Richtfunkantennen gewechselt. Die Außenstationen haben jetzt Antennen mit sehr ausgeprägter Richtwirkung, da die Zentrale sich nicht bewegt und man den Öffnungswinkel so optimieren kann. In der Zentrale im Wasserwerk Hagen konnte die Antenne nur gering verbessert werden, da die Zentrale alle drei Stationen mit einer Antenne erreichen sollte. Hierfür war ein Öffnungswinkel von ca. 30 Grad erforderlich. Jedoch konnte in Hagen der Antennenmast um ca. 3 Meter erhöht werden.

Nachdem dann auf der funktechnischen Seite durch entsprechende Messungen sichergestellt war, dass der Signalverkehr störungsfrei lief, konnte an die Beseitigung der letzten Softwarefehler gegangen werden. Hierbei zeigt sich die Entwicklungs-umgebung unter RTOS-UH/PEARL als sehr hilfreich. Die kurzen und doch sehr präzise einzuhaltenden Zeiten wurden von allen Systemen gut verarbeitet. Die gesamte Programmierung erfolgte unter PEARL.

6 Erfahrungen im Betrieb

Nach nunmehr ca. 18 Monaten Betrieb kann man festhalten, dass die gewählte Lösung einwandfrei betriebssicher funktioniert. Messungen an den Funksignalen haben gezeigt, dass noch keine Veränderungen der Signalstärken eingetreten sind.

Zwischenzeitlich sind die Anlagen von der Regulierungsbehörde abgenommen und eingemessen worden. Die Fehlerprotokolle, welche im Leitrechner geführt werden, verzeichnen zwar immer mal wieder einzelne Ausfälle von Telegrammen. Häufigster Grund hierfür sind jedoch Gewitter in der Umgebung der Stationen. Mechanische Probleme mit den Antennen oder mit Vandalismus hat es bis jetzt nicht gegeben. Ausfälle an den Rechnern oder der Funktechnik sind bis jetzt nicht aufgetreten, obwohl die Außenstationen stets Wind und Wetter ausgesetzt sind. Die eingebauten Temperaturmessungen zeigen eine Spanne von 3 Grad bis 45 Grad Celsius. Die Luftfeuchtigkeit in den Stationen hängt unmittelbar an der Umgebungsluft.

Abschließend möchten wir uns bei Herrn Prof. Dr. W. Gerth von der TU Hannover für seine Unterstützung bei der Diskussion und hochfrequenztechnischen Fehlersuche sowie für seine Geduld und sein Verständnis für unsere Ungeduld bedanken.

SDI over ATM – Höchstqualitative Videoübertragung in Echtzeit

Dipl.Ing. (FH) Andreas Metz

Institut für Rundfunktechnik GmbH
Floriansmühlstraße 60
D-80939 München

In der professionellen Film- und Fernsehproduktion wird heute meist mit digitalen unkomprimierten Videosignalen mit 270 MBit/s (SDI, Serielles Digitales Interface) gearbeitet. Diese physikalische Schnittstelle ist nur geeignet, um die Signale bis etwa 200 m über ein Koaxialkabel zu übertragen. Damit diese Signale entfernungsunabhängig über ein gängiges Telekommunikationsnetz übertragen werden können, wurde ein Adapter entwickelt, der SDI-Signale über ATM-Netze (Asynchroner Transfer Mode) überträgt. Diese Arbeiten werden vom Institut für Rundfunktechnik unter dem Begriff „SDI over ATM" zusammengefasst. Dieser Aufsatz stellt die Arbeiten zur Adaption von Videosignalen (SDI) auf ATM vor.

Motivation

In den Rundfunkstudios und in Produktionsbetrieben werden digitale Bildsignale mit hoher Qualität erzeugt. Diese Signale müssen zwischen den einzelnen Studios und Produktionsstandorten verteilt werden. Als Beispiel ist der Bereich der DVP (Distributed Video Production) als erster Ansatz für neue Dienste und Produkte bei Film- und TV-Produktionen zu nennen. DVP bedeutet, dass die digitalen Bildsequenzen in Studioqualität in verteilen virtuellen Studios bearbeitet werden. Dadurch werden nicht in jedem Studio alle technischen Geräte benötigt. Doch ist es notwendig, dass die Videosignale transparent übertragen werden, da eine verlustbehaftete Quellcodierung nicht für jeden Anwendungsfall tolerierbar ist. Es wird angestrebt, Studiosignale völlig unkomprimiert (d. h. mit 270 MBit/s für TV-Signale mit 625 Zeilen) zu übertragen.

Die Übertragung ohne Einschränkung der Bildqualität konnte im MAN-Bereich (Metropolitan Area Network = Citynetz) bisher nur dadurch erfolgen, dass die Signale direkt über eine Glasfaser in einem Punkt-zu-Punkt-Transfer ausgetauscht werden, ohne dass eine Netztopologie benutzt wird. Doch nur durch die Übertragung über ein Netzwerk können zusätzlich erforderliche Funktionen (etwa das Schalten von Ersatzwegen im Störungsfall) realisiert werden.

Digitale Videoübertragung

Digitale Videosignale werden tagtäglich über unterschiedlichste Netze mit den verschiedensten Auflösungen, Datenraten und Qualitäten übertragen. Alle diese Übertragungen haben gemeinsam, dass die Videosignale meist komprimiert übertragen werden und diese Datenreduktion immer zwei signifikante Eigenschaften besitzt. Zum einen ist die Datenreduktion in der Regel verlustbehaftet, was nicht für alle Anwendungsfälle akzeptabel ist. Zum anderen benötigen diese Verfahren eine gewisse Rechenzeit und weisen damit Signalverzögerungen auf. Wie groß diese Verzögerung durch den Kompressions- und Dekompressionsvorgang ist, hängt von der Art des verwendeten Codieralgorithmus und der eingesetzten Hardware der Geräte ab. Verzögerungen von bis zu einer Sekunde für die komplette Kompressions-/Dekompressionskette sind aber durchaus üblich.

Auch die Art des verwendeten Übertragungsnetzes hat einen nicht unerheblichen Einfluss auf die Laufzeit der Video- / und Audiodaten. Dabei reicht es nicht aus, nur die erforderliche Bandbreite bereitzustellen, zudem müssen die Laufzeitschwankungen (Jitter bzw. Wander) der Datenpakete oder -zellen möglichst gering gehalten werden. Diese Netzeigenschaften werden oft als Quality of Service (QoS) bezeichnet.

Datennetze, die ursprünglich nicht für die Übertragung zeitkritischer Anwendungen entwickelt wurden, besitzen - wenn überhaupt - nur sehr geringe QoS-Eigenschaften. Als Paradebeispiel ist hier das Internet zu nennen, welches auf dem Internet-Protokoll (IP) beruht. Werden beispielsweise Audio- und Videodaten in einem Streaming-Format über das Internet übertragen, müssen die Signale über viele Sekunden zwischengespeichert werden, damit die riesigen Schwankungen der Bandbreite und der Laufzeit ausgeglichen werden können. Im Rahmen des Internet2-Projekts ‚Research Channel‘ [1] muß deshalb bei einer vergleichbaren Codierung eine Verzögerung von 3 Sekunden [2] eingehalten werden. Dieses Konzept mag für Abrufdienste (on Demand) akzeptabel sein, für alle Anwendungen mit zeitkritischer Interaktivität (wie DVP) ist es aber ungeeignet.

Der SDI/ATM-Adapter

Zunächst wird kurz erläutert, warum als Videoschnittstelle SDI (Serielles Digitales Interface) und als Netztechnologie ATM (Asynchronous Transfer Mode) verwendet werden.

In der professionellen digitalen Videoproduktion hat sich die SDI-Schnittstelle (Serielles Digitales Interface) durchgesetzt. Diese beschreibt eine physikalische serielle Schnittstelle, die digitale Signale auf einem 75-Ohm-Koaxialkabel überträgt. Damit kann die physikalische Infrastruktur, wie sie in den rein analogen Studios vorhanden war bzw. teilweise noch vorhanden ist, weiter verwendet werden. Es besteht eine „Abwärtskompatibilität“ zu den analogen Produktionsumgebungen.

Die Videosignale werden in einer festen Rahmenstruktur mit einer Wortbreite von 10 Bit und einer Datenrate von 270 MBit/s übertragen. Die maximale Leitungslänge liegt bei etwa 200 m und ist damit für die Verwendung innerhalb eines Produktionsgebäudes ausreichend.

Das ATM-Netz

Zur Übertragung von hochqualitativen Videosignalen wird eine Transportschicht benötigt, die den hohen Anforderungen der Videoschnittstelle gerecht wird. Zum einen ist Echtzeitfähigkeit zwingend erforderlich, um die wichtigen Parameter der Schnittstelle (Jitter und Wander) auch einhalten zu können, zum anderen sind bereits vorhandene Eigenschaften einer Transportschicht, wie ein optionaler Fehlerschutz und automatisches Rerouting, wünschenswert.

ATM als Transportschicht stellt sich als eine ideale Übertragungstechnologie für diesen Anwendungsfall dar. ATM wurde von Anfang an für die Übertragung von echtzeitfähigen Signalen entwickelt und unterstützt daher echte QoS-Eigenschaften. In ATM-Netzen können die maximalen Laufzeitschwankungen (Jitter und Wander) durch die Cell Delay Variation (CDV) nicht nur exakt definiert werden, sie werden auch, und zwar unabhängig von allen anderen Diensten, welche parallel die gleichen Netzabschnitte nutzen, eingehalten.

Die freie Skalierbarkeit der Datenrate ist ein weiterer Aspekt, der für ATM spricht. In einem ATM-Netz wird nur die Datenrate belegt, die auch tatsächlich benötigt wird. Die restliche Netzkapazität steht dann für andere Anwendungen zur Verfügung. Die benötigte Datenrate kann in einem ATM-Netz reserviert werden, wodurch sichergestellt werden kann, dass die benötigte Netzkapazität auch jederzeit zur Verfügung steht. Zudem kann auf alle nötigen Eigenschaften einer Transportschicht zurückgegriffen werden. Dazu zählen unter anderem, Rerouting im Fehlerfall und ein optionaler Fehlerschutz.

Aufgrund der beschriebenen Systemeigenschaften, hat sich ATM heute als feste Größe für die Übertragung von professionellen Video- und Audiosignalen etabliert und wird auch für diesen Adapter genutzt.

Der Aufbau des SDI/ATM-Adapters

Der Adapter ist einfach strukturiert und besteht im wesentlichen aus drei Teilen:

- Einer Umsetzung der Wortbreite von 10 Bit auf 8 Bit
- Einem Fehlerschutz
- Der ATM-Adaption

Die SDI Schnittstelle sieht eine Wortbreite von 10 Bit vor. In den ATM-Zellen wird jedoch mit einer Wortbreite von 8 Bit gearbeitet, die auch als Oktett bezeichnet wird. Auf der Sendeseite erfolgt die Umsetzung von zehn auf acht Bit so, dass auf der Empfangsseite eine Synchronisation auf der im Videosignal enthaltenen Rahmenstruktur möglich ist.

Bei der Übertragung dürfen keine Bitfehler auftreten, denn, je nachdem an welcher Stelle im Signal ein Bitfehler entsteht, kann dies zur Unbrauchbarkeit oder zu einer Einschränkung bei der Mehrfachverwertung der übertragenden Video- und Audiosignale kommen. Daher ist ein Fehlerschutz zwingend erforderlich.

Für die Übertragung von echtzeitfähigen Anwendungen mit konstanter Datenrate über ATM wurde der seitens der ITU der ATM Adaption Layer AAL 1 definiert [3]. Dieser sieht einen optionalen Fehlerschutz vor. Neben der Übertragung mit konstanter Datenrate sollte der SDI/ATM-Adapter jedoch zudem für breitbandige Signale mit variabler Datenrate einsetzbar sein. Für einen solchen Anwendungsfall ist allerdings kein geeigneter AAL definiert. Aus diesem Grund musste ein neuer AAL mit Fehlerschutz entwickelt werden. Zur Fehlersicherung wird eine Kombination aus Reed-Solomon-Erasure Code (RSE) und Cyclic Redundancy Check (CRC) benutzt.

Bis auf den Fehlerschutz müssen bei diesem Adapter keinerlei Daten zwischengespeichert oder einer zeitaufwendigen Verarbeitung unterworfen werden. Daher entstehen nur sehr geringe, in der Praxis meist vernachlässigbare, Latenzzeiten. Für das Gesamtsystem, bestehend aus der Hintereinanderschaltung von SDI/ATM-Adapter, ATM-Switch (IBM) und SDI/ATM-Adapter, wurde ein Delay von 357µs gemessen, ohne Switch waren es nur 342µs.

Die für die Übertragung nötige Gesamtdatenrate von 328,259 MBit/s ergibt sich aus der Videodatenrate von 270 MBit/s, dem ATM-Overhead und dem Overhead für das eingesetzte Fehlerkorrekturverfahren (RSE u. CRC):

$$ATMDatenrate = Videodatenrate * \frac{Daten + ATM}{Daten} * \frac{Daten + CRC}{Daten} * \frac{Daten + RSE}{Daten}$$

$$ATMDatenrate = 270MBit/s * \frac{53\,Byte}{47\,Byte} * \frac{47\,Byte}{45\,Byte} * \frac{128\,Byte}{124\,Byte} = 328,258MBit/s$$

wobei mit „Daten" die jeweilige Blockgröße bezeichnet ist.

Die nachfolgende Abbildung zeigt ein Gerät aus der ersten Serie.

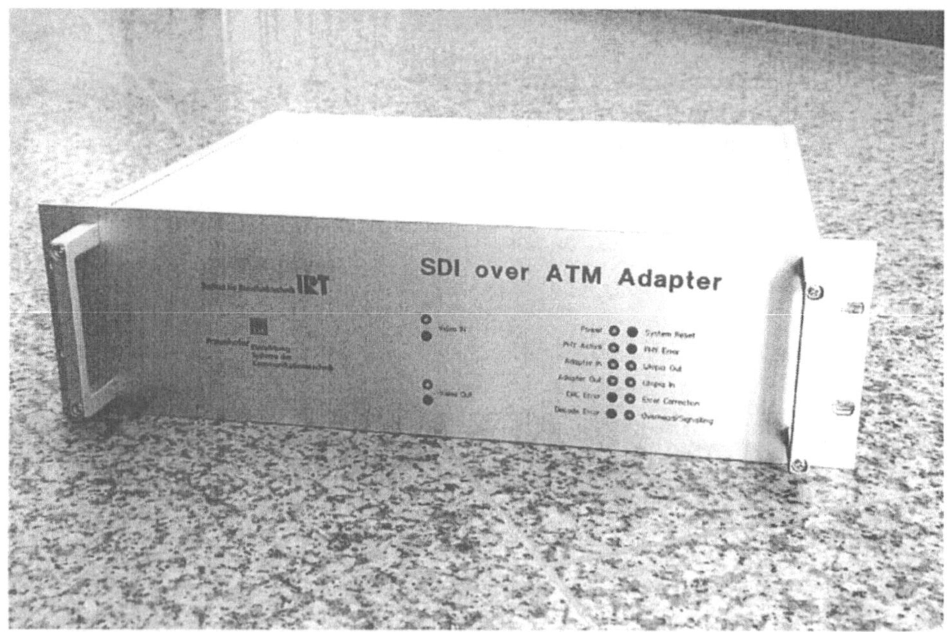

Abb. SDI/ATM-Adapter

Anwendungen

Der Adapter besitzt zwei herausragende Eigenschaften:
- transparente Übertragung von Videosignalen,
- vernachlässigbare Latenzzeiten.

Daher kann dieser Adapter überall eingesetzt werden, wo entweder ein unverändertes hochqualitatives Videosignal benötigt wird oder lange Latenzzeiten unakzeptabel sind.

Anwendungsbereiche sind neben der bereits erwähnten verteilten Videoproduktion auch alle Arten von zeitkritischen interaktiven Applikationen, beispielsweise im Bereich der Telemedizin, der Telerobotik oder bei professionellen Konferenzschaltungen.

Danksagung

Der SDI/ATM-Adapter wurde gemeinsam vom Institut für Rundfunktechnik und von der Fraunhofer Gesellschaft, Einrichtung, Systeme der Kommunikationstechnik, entwickelt. Dabei danken wir der Bayrischen Forschungsstiftung für die finanzielle Unterstützung bei diesem Projekt.

Literatur

[1] http://www.researchchannel.com/hdtv/
[2] http://www.washington.edu/hdtv/nab/faq.html#e
[3] ITU-T Recommendation I.363.1; B-ISDN ATM Adaptation Layer specification: Type 1 AAL (08/96)

Zur Entwicklung zertifizierbarer fehlertoleranter Realzeit-Software mit Funktionsblock-Diagrammen für die Automatisierung

G. Thiele, R. Neimeier, L. Renner, E. Wendland, G. Schulz-Ekloff

Universität Bremen, FB1
Institut für Automatisierungstechnik
Kufsteiner Str., 28359 Bremen
thiele@iat.uni-bremen.de

Abstract. Die leichte Interpretierbarkeit von Funktionsblock-Diagrammen nach IEC 61131-3 ermöglicht eine weitgehend direkte Umsetzung regelungstechnischer Blockschaltbilder in Realzeit-Software, so daß insbesondere auch Fach-Experten der verschiedenen Disziplinen, die an einem Projekt beteiligt sind, an einer "Verifikation durch Inspektion" mitwirken können. Dies gilt insbesondere auch für Fehlertoleranz-gerichtete Komponenten der Realzeit-Software für SIL 3 und höher nach IEC 61508, deren Zertifizierung von herausragender Bedeutung ist, da Fehler in Fehlertoleranz-gerichteten Komponenten ein erhöhtes Gefahrenpotential darstellen und damit die Akzeptanz solcher Komponenten erschweren bzw. sogar verhindern. Vor dem Hintergrund des Fallbeispiels der Regelung eines chemischen Prozesses werden Voraussetzungen und Möglichkeiten der Zertifizierung Fehlertoleranz-gerichteter Software, u.a. in der Ausprägung nichtlinearer Zustands-Beobachter als analytische Redundanz, für verläßliche, insbesondere sichere Prozesse auf der Basis der "Verifikation durch Inspektion", diskutiert. Dabei werden Funktionsblock-Diagramm-Architekturen mit "abgeleiteten" Funktionsblöcken zur Beherrschung der Komplexität auf Task-Ebene vorgestellt.

1. Überblick und Problemstellung

Die leichte Interpretierbarkeit von Funktionsblock-Diagrammen (FBD) nach IEC 61131-3 [1] ermöglicht die weitgehend direkte Umsetzung regelungstechnischer Blockschaltbilder in Realzeit-Software [7], so daß insbesondere auch Fach-Experten der verschiedenen Disziplinen, die an einem Projekt beteiligt sind, an einer "Verifikation durch Inspektion" mitwirken können. Damit kann ein bisher noch weitgehend ungenutztes Potential zur Verifikation genutzt werden [4]. Dies gilt insbesondere auch für Fehlertoleranz-gerichtete Komponenten der Realzeit-Software für SIL 3 und höher nach IEC 61508 [6,8] mit dem Ziel verläßlicher Prozesse, um z.B. einem Sensorausfall ohne Einbuße an Verfügbarkeit unter eventueller Inkaufnahme einer vertretbaren Leistungsminderung (graceful degradation) des geregelten Prozesses zu begegnen. Selbst ein im ungünstigsten Fall notwendig werdendes Anfahren eines sicheren Zustandes (fail safe) kann von diesen Maßnahmen profitieren, etwa was die zur Verfügung stehende Zeit für diesen Vorgang anbetrifft [2].

Die zur Verifikation durch Inspektion notwendige Transparenz kann durch Strukturierung der Fehler-Erkennung in Funktionsblock(FB)- und Task-Ebene sowie durch geeignete hierarchische Strukturierung der Fehlertoleranz-gerichteten Software-Komponenten auf Task-Ebene unter Verwendung konzeptionell begründeter abgeleiteter Funktions-Blöcke [1] erreicht werden. Dies ist von besonderer Bedeutung z.B. bei der Erkennung von Meßwert-Unsicherheiten, die in den meisten Fällen erst auf Task-Ebene, etwa mit Hilfe analytischer Redundanz in Form von nichtlinearen Zustandsbeobachtern, möglich ist.

Es zeigt sich, daß der für analytische Redundanz notwendige Aufwand an Rechenzeit für die Einhaltung der Rechtzeitigkeit problematisch sein kann, weshalb analytische Redundanz u.U. "lediglich" zur Fehlererkennung mit dem Ziel einer eventuell notwendig werdenden Abschaltung derjenigen Regler-Komponente eingesetzt wird, die die ausgefallene Meßgröße benötigt [3]. Bei weniger zeitkritischen Prozessen kann analytische Redundanz darüber hinaus aber auch genutzt werden, um ausgefallene Messungen zu rekonstruieren [2].

Im vorgestellten Beitrag werden im 2. Abschnitt zunächst die Begriffe Fehlertoleranz (durch Software-Maßnahmen) und Verläßlichkeit in Bezug auf eine Differenzierung der Begriffe System und Prozeß vor dem Hintergrund des Standards IEC 61508 einleitend erläutert. Der anschließende 3. Abschnitt hat die diesem Beitrag zugrunde liegenden Voraussetzungen für die Zertifizierbarkeit von Anwender-Realzeitsoftware mit Fehlertoleranz-gerichteten Komponenten zum Inhalt. Aufbauend auf dem Fallbeispiel eines Fuzzy-geregelten chemischen Prozesses [4] wird im 4. Abschnitt die zertifizierbare Integration Fehlertoleranz-gerichteter Software-Komponenten vorgestellt. Die Abstufung möglicher Software-Maßnahmen orientiert sich dabei an einem in der Praxis üblichen "Schichtenmodell" [5], wobei auch auf spezielle Aspekte der "Schutzschicht" eingegangen wird. Mögliche FBD-Architekturen mit abgeleiteten FBen zur Beherrschung der Komplexität auf Task-Ebene werden diskutiert. Im Ausblick werden Fragen zukünftiger Forschung, auch mit dem Ziel der Portierung auf eingebettete Systeme, angesprochen.

2. Begriffsklärung und Standard IEC 61508

2.1 Fehlertoleranz und Verläßlichkeit

Die Norm DIN 19226 [9] unterscheidet Systeme von den in ihnen ablaufenden (Technischen bzw. Rechen-) Prozessen. Im folgenden werden deshalb in Hardware(HW)/Software(SW) implementierbare Merkmale, wie z.B. die verschiedenen Fehlertoleranz-gerichteten Komponenten [2,12] eines fehlertoleranten Regelungssystems, als "System- Merkmale" von den erst im Prozeß sichtbaren Verläßlichkeits-Ausprägungen als "Prozeß- Merkmale" unterschieden.

Im Sprachgebrauch des Standards IEC 61508 [8,10] besteht ein System aus einem "gesteuerten System" (Equipment under Control, EUC) und einem "Sicherheits-gerichteten steuernden System". Letzteres setzt sich wiederum aus einem "Steuerungs-System" (Safety-related Control System) und einem Schutz-System (Safety-related Protection System) zusammen, die beide für "Sicherheits-Funktionen" zuständig sind. Sicherheits-Funktionen werden z.B. durch Software-Komponenten realisiert, die mit dem Ziel eingeführt werden, die im System ablaufenden Prozesse im Falle von Fehlern (z.B. Sensor-Ausfall) in einen sicheren Zustand zu überführen und dort zu halten.

In das Steuerungs-System können i.a. auch SW-Komponenten integriert werden, die über das Ziel der Prozeß-Sicherheit hinaus, soweit möglich, die Prozeß-Zuverlässigkeit ("zuverlässige Zustände") bzw. eine mindestens noch vertretbare Leistungsminderung des Prozesses ("graceful degradation Zustände") als weitere mögliche Ausprägungen von Prozeß-Verläßlichkeit [13] zum Ziel haben, um auch die Prozeß-Verfügbarkeit zu erhöhen. In Verallgemeinerung des Begriffes "Sicherheits-Funktionen" kann man in diesem Fall auch von "Verläßlichkeits-Funktionen" sprechen. Diese nutzen z.B. Hardware- oder analytische Redundanz. Sie werden somit durch Fehlertoleranz-gerichtete SW-Komponenten realisiert, d.h. durch zielgerichtete Komponenten mit dem Ziel der Fehlertoleranz des Systems.

Im Falle der durch das Steuerungs-System realisierten Sicherheits-Funktionen wird man i.a. ein "weiches" Überführen in einen sicheren Zustand anstreben (gesteuerte sichere Zustände). Für den Fall, daß diese Sicherheits-Funktionen versagen, müssen die Sicherheits-Funktionen des Schutz-Systems das sichere Prozeßverhalten erzwingen (erzwungene sichere Zustände). In Bild 1 sind die verschiedenen "verläßlichen Zustände" eines Prozesses qualitativ graphisch veranschaulicht.

Ein Maß für die Zuverlässigkeit der Ausführung der implementierten Sicherheits-Funktionen ist die Sicherheits-Integrität (Safety Integrity). Die zu erreichende Zuverlässigkeit wird nach IEC 61508 in 4 mögliche Sicherheits-Integritäts-Bereiche (Safety Integrity Level, SIL) eingeteilt, wobei SIL 4 der Bereich mit der höchsten und SIL 3 derjenige mit der zweit höchsten Zuverlässigkeit ist.

Bild 1. "Verläßliche Zustände" eines Prozesses

2.2 Zertifizierbarkeit

Die zertifizierbare -d.h. nach verbindlichen Vorgaben durch dazu autorisierte Zertifizierungsstellen (z.B. beim TÜV) abnehmbare- Korrektheit von Sicherheits- bzw. Verläßlichkeits-Funktionen des "Sicherheits-gerichteten Systems" ist von herausragender Bedeutung, da Fehler in diesen Komponenten sogar ein erhöhtes Gefahren-Potential bedeuten können. Eine Anwendung z.B. von SW-Diversität [11] als Toleranz-Maßnahme gegen SW-Fehler in den Fehlertoleranz-gerichteten Komponenten scheidet aber i.a. aus, da in diesem Fall durch die erhöhte Komplexität die Transparenz in nicht mehr vertretbarer Weise vermindert würde.

Die Akzeptanz von Fehlertoleranz-gerichteten SW-Komponenten als Realisierung von Verläßlichkeits-Funktionen hängt von deren Vertrauenswürdigkeit und damit auch von der Vertrauenswürdigkeit des Korrektheitsnachweises ab. Zur Erhöhung der Vertrauenswürdigkeit von Anwender-SW sind in diesem Zusammenhang zwei Schritte von grundlegender Bedeutung:

(1) Die Erhöhung der Verständlichkeit mit dem Ziel des Korrektheits-Nachweises durch Inspektion [6] und der Ermöglichung der Hinzuziehung des Wissenspotentials aller an der Spezifikation beteiligten Fachexperten unterschiedlicher Disziplinen.

(2) Der Nachweis der Korrektheit der Umsetzung der Spezifikation auf die eingesetzte Rechner-Plattform, z.B. auf eine µSPS, durch Inspektion als Option neben dem Einsatz geeigneter SW-Tools.

Die Einfachheit oder gar Vermeidbarkeit des Schrittes (2) kann u.a. als Unterscheidungsmerkmal für die Entscheidung über die Zuordnung der SW zum Bereich SIL 4 anstelle von SIL 3 herangezogen werden.

3. Verifizierbarkeit durch Inspektion

3.1 Verifizierbarkeit von Funktionsblock-Diagrammen

Die graphische Anschaulichkeit von funktionellen Zusammenhängen ist die Grundlage der Verifizierbarkeit von Funktionsblock-Diagrammen auch durch Fachexperten, die keine SW-Ingenieure sind. Auf FBD-Niveau kann deshalb dieses noch weitgehend ungenutzte Potential zur Verifikation ausgeschöpft werden, etwa was die Problem-orientierte Parametrierung eines Fuzzy-Reglers [5] oder die konzeptionelle Funktion eines Beobachters [2] anbetrifft. Überprüft werden muß die Korrektheit der Funktionsblock-Typen, der Verbindungen der FBe untereinander, der Problemparameter der FBe und der Zulässigkeit der Rechenfolge.

Vorausgesetzt wird die zertifizierte Korrektheit der Elemente einer entsprechenden FB-Bibliothek, auf der die Konfiguration von Funktionsblock-Diagrammen aufsetzt und zu deren systematischem Entwurf durch Lieferfirmen in [14] Vorschläge gemacht werden, die allerdings durch ihren expliziten Objekt-orientierten (OO) Charakter für Anwender auch bereits wieder zu schwierig wären. Die Stärke der FBDe liegt nämlich u.a. darin, daß Ihre OO-Ausprägung nur implizit in Erscheinung tritt. Die Verifikation der FBe selbst vereinfacht sich, wenn in ihrem Entwurf auf die Möglichkeiten einer geeigneten Realzeit-Sprache zurückgegriffen werden kann, etwa bei der Verwendung einer vom eigentlichen Algorithmus getrennt formulierbaren Ausnahme-Behandlung. Zur Zertifizierbarkeit eines FBDs trägt erheblich eine Beschränkung der im Standard IEC 61131 vorgesehenen Möglichkeiten auf die Einplanung des FBDs als Task insgesamt bei.

3.2 Abgeleitete Funktionsblöcke

Für den Anwender selbst genügt i.a. die Entwicklung neuer FBe in Form von "abgeleiteten FBen", d.h. er kann neue FBe konfigurieren, so daß diese wiederum als FBDe verifizierbar sind.

Diese Vorgehensweise ist auch unverzichtbar bei der Entwicklung von Problem-orientierten FBen zur Begrenzung der Komplexität umfangreicher FBDe, die so durch Bewahrung der Transparenz auf mehreren Hierarchie-Ebenen verifizierbar bleiben. In Bild 2 ist die FBD-Struktur eines abgeleiteten FBs vom Typ FDI (s. Bild 6) wiedergegeben, der seinerseits nur noch aus Bibliotheks-FBen konfiguriert ist.

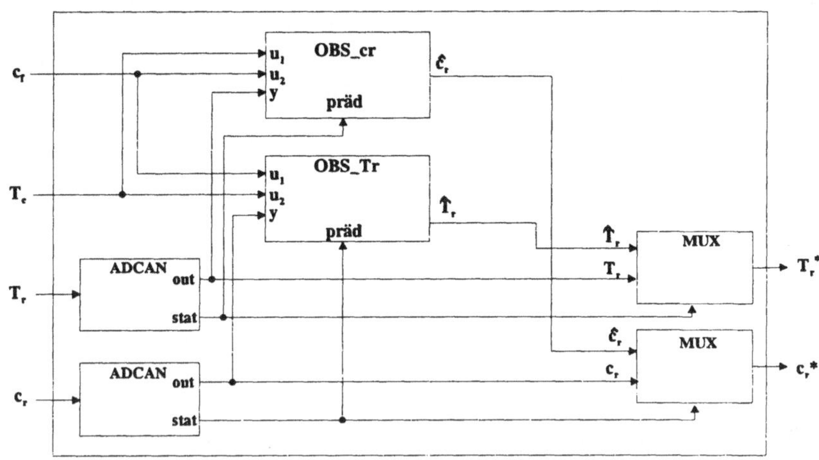

Bild 2. FBD eines abgeleiteten Funktionsblocks vom Typ FDI

Abgeleitete FBe behalten ihre Gültigkeit auch bei "Austausch" der FB-Bibliothek, solange alle Schnittstellen und Namen der FB-Typen unverändert bleiben. Die in einer gesonderten Bibliothek abgelegten abgeleiteten FBe sind auch wiederverwendbar, wenn die Eindeutigkeit der Parametrierung verschiedener Instanzen, z.B. durch Erweiterung der Komponenten-Namen um den jeweiligen Instanz-Namen des abgeleiteten FBs, sichergestellt wird. Dies legt eine "Bottom-Up"-Entwicklung abgeleiteter FBe nahe, um deren Namen am Ziel der Wiederverwendbarkeit im Sinne einer geringen Problem-Abhängigkeit ausrichten zu können.

3.3 Zertifizierbarkeit und diversitäre Rückwärts-Analyse

Die Zertifizierung -durch diversitäre Rückwärts-Analyse des Zielcodes [6] und Vergleich mit der Spezifikation- vereinfacht sich erheblich, wenn die FBD-Spezifikation zunächst eindeutig auf eine Folge von Konfigurierungs- und Parametrierungs-Kommandos abgebildet wird. Diese Kommandofolge kann nun - anstelle eines in die SPS ladbaren Zielcodes- der SPS zur Interpretation angeboten werden, die damit "vorprogrammierte" Tasks [5] mit den aktuellen FBen, d.h. deren Verbindungen und Parametern, in der spezifizierten Rechenfolge parametriert. Die Korrektheit der Task kann durch Rück-Interpretation der zur Task gehörigen Datenstrukturen eindeutig auf eine virtuell erzeugende Kommandofolge zurückgeführt werden, die dann nur noch mit der ursprünglichen Kommandofolge auf Identität ihrer Elemente überprüft werden muß. Eine diversitäre Rückwärts-Analyse kann allenfalls zu Abweichungen in der Folge der Kommandos führen.

3.4 SW-/HW-in-the-loop-Simulation

Neben ihrer syntaktischen Korrektheit muß das Laufzeitverhalten einer (Regler-)Task zertifiziert werden, wofür eine SW-/HW-in the-loop-Simulation [5] mit Nachbildung des Prozesses durch ein geeignetes Prozeß-Modell ausreichen muß, da wegen eines eventuellen negativen Ausgangs eine Zertifizierung am realen Prozeß i.a. nicht zulässig ist. Bei vorprogrammierten parametrierten Tasks kann die Einplanbarkeit bei bekannten Obergrenzen für die Task-Rechenzeiten vorab analytisch überprüft und damit deterministisches Zeitverhalten im Normalfall sichergestellt werden. Um im Ausnahmefall vermutete Zulässigkeitsprobleme der Einplanungen ausschließen zu können, ist die Möglichkeit einer Zeitdehnung des simulierten Prozesses von großer Bedeutung. Andererseits ist u.U. aber auch die Möglichkeit einer Beschleunigung der Zertifizierung bei einem relativ "langsamen" Prozeß hilfreich, die durch zeitliche Raffung der Simulation des Prozesses erreicht werden kann.

Damit in den FBen von der simulierten auf die reale Einplanungsperiode zurückgerechnet werden kann, ist lediglich bei allen zeitabhängigen FBen ein zusätzlicher "Zeittransformationsfaktor" β als Parameter vorzusehen, der als Quotient aus simulierter Einplanungsperiode und realer Abtastperiode definiert ist [4].

4. Integration Fehlertoleranz-gerichteter SW-Komponenten

4.1 Schichten-Modell

Bild 3 veranschaulicht verschiedene Schichten einer möglichen Integration Fehler-

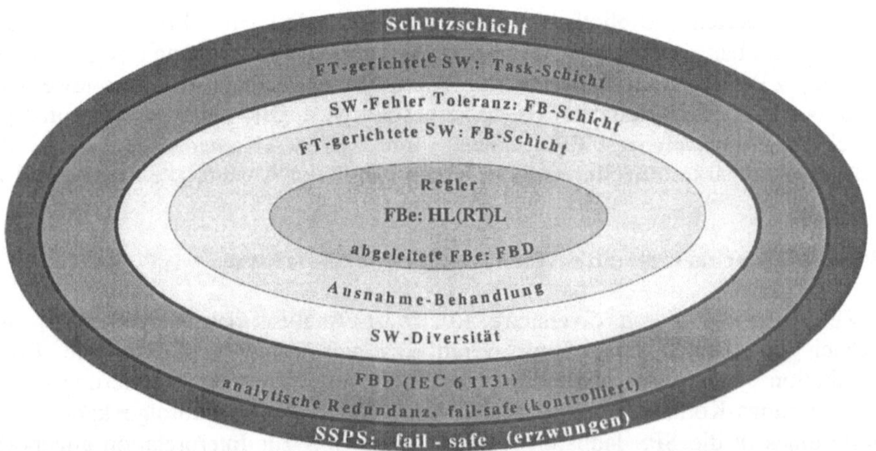

Bild 3. Schichten der Integration Fehlertoleranz-gerichteter Komponenten

toleranz-gerichteter SW-Komponenten in das Steuerungs-System. Die Fehlerbehandlung erfolgt dabei zunächst vorrangig auf FB-Ebene, wobei SW-Fehler z.B. durch SW-Diversität tolerierbar gemacht werden können. Die Behandlung von Fehlern, die auf FB-Ebene nicht möglich ist, wird auf die Task-Ebene übertragen, wobei dort die Freiheit von SW-Fehlern wegen der Verwendung von FBDen unterstellt wird.

4.1.1 FB-Schicht. Elementare FB-Typen sollten zum Zwecke der breiten Anwendbarkeit des FB-Klassen-Bibliotheks-Moduls (Bild 4) überwiegend

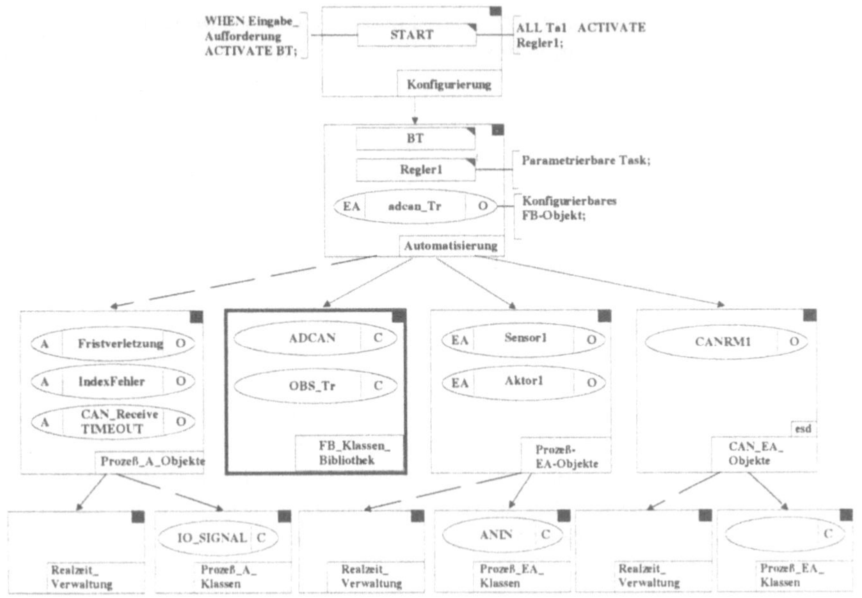

Bild 4. Software-Architektur einer SPS

Problem-unabhängig sein (z.B. Analogeingabe über CAN-Bus, ADCAN). Sie können aber auch Problem-abhängig sein, wie im Fall der analytischen Redundanz (z.B. Nichtlinearer Beobachter, OBS_Tr) zur Rekonstruktion einer ausgefallenen Temperaturmessung [2]. Da Fehlererkennung auf FB-Ebene (z.B. TimeOut bei der Anforderung eines Meßwertes über CAN-Bus) eine Problem-unabhängige Fehler-Lokalisierung ermöglicht, ist bereits hierdurch eine Verringerung der Komplexität der Task-Ebene (FBD) möglich. Ist Fehler-Erkennung auf FB-Ebene darüber hinaus mit der Umschaltung auf HW-Redundanz, z.B. auf einen redundanten Temperatur-Sensor, verbunden, so kann auf diese Weise der Prozeß bei defektem Sensor ohne Leistungsminderung fortgesetzt werden (zuverlässiges Verhalten).

4.1.2 Task-Schicht. Muß die Fehler-Behandlung auf Task-Ebene erfolgen, so ist dies immerhin noch im Sinne vertretbarer Leistungsminderung (graceful degradation) möglich, wenn die zur Integration analytischer Redundanz verwendeten Beobachter ein geeignetes Stabilitätsverhalten aufweisen. Wenn darüber hinaus, z.B. im Fall des betrachteten chemischen Prozesses [4], beide Sensoren ausfallen, ist mit den dann nur noch als Prädiktoren funktionierenden Beobachtern zwar keine verläßliche Fortsetzung des Prozesses mehr möglich, diese können aber dennoch verwendet werden, um Verläßlichkeit für das Herunterfahren des Prozesses im Sinne der Nutzung der zum Zeitpunkt des Ausfalls maximal verfügbaren Prozeß-Information zu erreichen [2].

4.1.3 Schutz-Schicht. Die auf Task-Ebene integrierte analytische Redundanz durch Beobachter kann versagen, wenn diese bei nichtlinearen Prozeß-Modellen durch Linearisierung nur für einen lokalen Bereich um die Trajektorie und unter Verwendung aller verfügbarer Meßgrößen zur Sicherung der Stabilität entworfen wurden. Selbst bei "zulässigen" Abweichungen kann die notwendige Rekonfigurierung des Beobachters bei Ausfall eines der verwendeten Sensoren in diesem Fall zu Situationen mit nicht mehr gesicherter Stabilität der Meßwert-Rekonstruktion führen. Damit kann es bei der Erkennung von Meßwert-Unsicherheiten [15] zu Fehlentscheidungen kommen. Das Versagen der Meßwert-Rekonstruktion muß in diesem Falle von einer besonderen "Schutz-Schicht" erkannt und von ihr ein ggf. "hartes" aber sicheres Herunterfahren des Prozesses erzwungen werden.

4.2 Beherrschung der Komplexität auf Task-Ebene

Die Verifizierbarkeit durch Inspektion wird durch die Integration von Fehlertoleranz-gerichteten Komponenten zunehmend erschwert. Um die Transparenz des FBDs zu bewahren, kann man durch Einführung Problem-orientierter abgeleiteter FBe geeignete Struktur-Transformationen der FBDe vornehmen. Die zusätzlich erzeugten abgeleiteten FBe werden dabei ihrerseits durch FBDe geringerer Komplexität repräsentiert, so daß diese also wiederum durch Inspektion verifizierbar sind, allerdings auf Kosten einer entsprechend erhöhten Anzahl von Hierarchie-Ebenen von abgeleiteten FBen. In den Bildern 5 und 6 sind zwei mögliche, durch Struktur-Transformationen entstandene, FBD-Architekturen einer Regelungs-Task für den chemischen Prozeß nach [4] dargestellt.

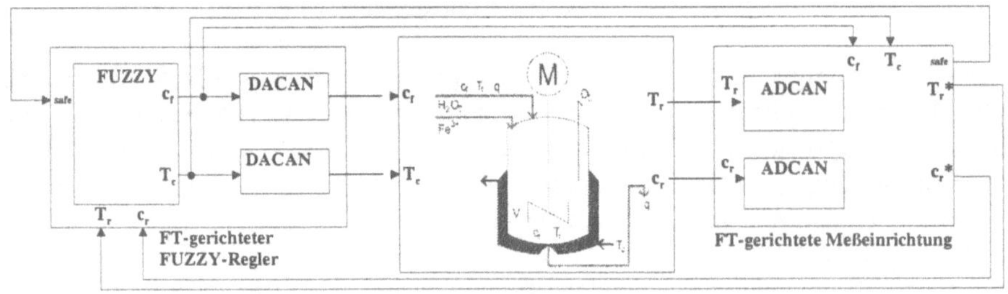

Bild 5. Task mit "flacher" FBD-Architektur

4.2.1 Flache FBD-Architektur. Bei Einführung eines Fehlertoleranz-gerichteten Fuzzy-Reglers und einer Fehlertoleranz-gerichteten Meßeinrichtung als einzige abgeleitete FBe ergibt sich die Struktur eines "Grundregelkreises", bei dem der Regelungs- und der Meß-FB allerdings neben den rückgeführten Regelgrößen zusätzlich weitere Informationen miteinander austauschen (cf, Tc, safe in Bild 5). Ansonsten treten strukturell keine von den Komponenten eines "konventionellen Regelkreises" unterschiedlichen Komponenten auf.
Als Nachteil dieser wohl einfachsten FBD-Architektur auf Task-Ebene kann sich, die Verständlichkeit betreffend, die "versteckte Komplexität" der Fehlertoleranz-gerichteten Komponenten in der Meßeinrichtung erweisen.
4.2.2 Hierarchische FBD-Architektur. Die Verständlichkeit kann z.B. durch die explizite Berücksichtigung der natürlichen hierarchischen Zuordnung entsprechender Fehlertoleranz-gerichteter Komponenten [12], die Überwachungsfunktionen

wahrnehmen, wie der abgeleitete FB vom Typ "FDI" in Bild 6, erhöht werden. Stellt ein solcher FB eine Meßwert-Unsicherheit fest, so veranlaßt die entsprechende Verläßlichkeits-Funktion die "Ersetzung" des betreffenden Meßwertes durch Umschaltung des abgeleiteten FBs vom Typ MUX.

Durch zusätzliche Umschaltung der Führungsgröße auf eine für den Ausfall beider Sensoren (safe=1) vorgesehene Abfahrtrajektorie [2] veranlaßt eine Sicherheits-Funktion des Überwachungs-FBs die im Regler für diesen Fall vorgesehene Rekonfiguration für ein sicheres weiches Herunterfahren des Prozesses.

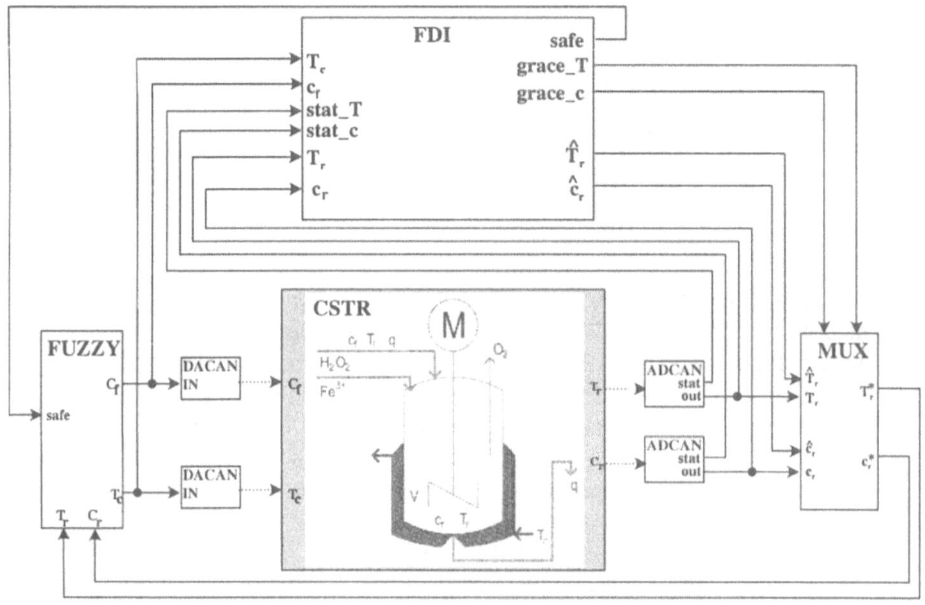

Bild 6. Task mit hierarchischer FBD-Architektur

5. Ausblick

Unsere zukünftige Forschung wird sich u.a. mit der Zertifizierbarkeit vor dem Hintergrund der durch analytische Redundanz induzierten Rechenzeit-Probleme, insbesondere auch bei unbekannten Prozeßmodell-Parametern sowie mit Sicherheits-Problemen im Zusammenhang mit offenen Stabilitätsfragen der Beobachter beschäftigen. Ein weiteres Problem ist die Portierung der auf einer PEARL-SPS [4] implementierten Konzepte auf eingebettete Systeme -mit gegenüber der PEARL-SPS eventuell eingeschränkten Möglichkeiten an Transparenz und Unterstützung durch geeignete Realzeit-Sprachen und Realzeit-Betriebssysteme- wie µSPSen der CoDeSys-Allianz [16]. Auch hier ist von einer Erhöhung der Verständlichkeit und der dadurch möglichen Beteiligung von Fachexperten als einem bisher kaum in Anspruch genommenen Potential ein deutliches Mehr an Sicherheit, darüber hinaus aber auch an Verfügbarkeit automatisierter Prozesse zu erwarten.

Literatur

[1]   IEC (1999). International Standard IEC 61131-3. Programmable Controllers - Part 3: Programming Languages. 2nd ed., IEC, Geneva.

[2]   R. Neimeier, Y. Elobaid, A. Partschefeld, G. Thiele, G. Schulz-Ekloff (2001). Zertifizierbare Fehlertoleranz-gerichtete Realzeit-Software zur verläßlichen Fuzzy-Regelung eines CSTR-Prozesses. A. Gräser, B. Lohmann (Hrsg.) : Proc. 21. Kolloquium der Automatisierungstechnik, Salzhausen 2000 (im Druck).

[3]   E. L. Ding (1999). Modellgestützte Sensorüberwachung eines ESP-Systems. atp 41, H. 7, pp.35-42.

[4]   R. Neimeier, G. Thiele, G. Schulz-Ekloff, T. Vielhaben, B. Höpfner (1998). Objekt-basierte Simulation und Implementation der Regelung eines chemischen Prozesses mittels SPS nach IEC 1131. In P. Holleczek (Hrsg.): Proc. PEARL 98, Echtzeitsysteme im Netz. Springer-Verlag, pp. 59-69.

[5]   G. Thiele, L. Renner, R. Neimeier (2001). Programmable Logic Controllers. In H. Unbehauen (Theme Ed.): Encyclopedia of Life Support Systems (EOLSS). UNESCO (wird veröffentlicht).

[6]   W. A. Halang (2000). Programmable Control on the Safety Integrity Levels 3 and 4. In TÜV Nord, EWICS TC 7 und TÜV Rheinland (Hrsg.): Proc. 4. Int. Symp. für sicherheitsgerichtete Anwendungen, Köln, 3.-4. Mai 2000.

[7]   S. Zacher (2000). SPS-Programmierung mit Funktionsbausteinsprache. Automatisierungstechnische Anwendungen. VDE-Verlag, Berlin.

[8]   IEC (1998). IEC 61508-3. Functional safety of electrical / electronic / programmable electronic safety-related systems - Part 3: Software requirements. IEC, Geneva.

[9]   DIN (1994). DIN 19226-1: Leittechnik, Regelungstechnik und Steuerungstechnik, Allgemeine Grundbegriffe. Beuth-Verlag, Berlin.

[10]   S. Bologna (1999). Safety Applications of Programmable Electronic Systems in the Process Industry. Prepr. of 14th IFAC World Congress, Beijing, P. R. China, Paper No. Q-9e-o1-2, pp. 515-518.

[11]   L. L. Pullum (1997). Software Fault Tolerance. Int. Symp. of System Science, Tutorial Notes, Albuquerque, NM, USA, 1997.

[12]   M. Blanke, C. W. Frei, F. Kraus, R. J. Patton, M. Staroswiecki (2000). What is Fault-Tolerant Control? In A. M. Edelmayer, C. Banyasz (Eds.): Proc. SAFEPROCESS 2000, Budapest, pp. 40-51.

[13]   J.-C. Laprie (1995). Dependability - Its Attributes, Impairments and Means. In B. Randell, J.-C. Laprie, H. Kopetz, B. Littlewood (Eds.): Predictably Dependable Computing Systems. Springer-Verlag, pp. 3-24.

[14]   U. Enste, U. Epple (2001). Technical Application of Hybrid Modelling Methods to specify Function Block Systems. at 49, H. 2, pp. 52-59.

[15]   K. Kolahi (1999). Selbstdiagnose von Prozeß-Sensorsystemen. Vortrag DFMRS Jahrestagung, Bremen, 1999.

[16]   Smart Software Solutions GmbH (1999). Handbuch zur SPS-Programmentwicklung mit CoDeSys 2.1. CoDeSys for Automation Alliance, CD-Vers. 2.11 (2001), 306 pp.

Echtzeitanforderungen bei der Integration von IEC 61131-3 Funktionsbausteinen und UML-RT Capsules

Torsten Heverhagen, Rudolf Tracht

Universität Essen, FB12, Automatisierungstechnik, Schützenbahn 70, D-45276 Essen
Torsten.Heverhagen@uni-essen.de, Rudolf.Tracht@uni-essen.de

Überblick. Mit Hilfe von Funktionsbausteinadaptern (FBAs) kann die Kommunikation zwischen Funktionsbausteinen der IEC 61131-3 und Capsules der Unified Modeling Language (UML) in einer formalen Sprache spezifiziert werden. Diese Spezifikation wird während der Entwurfsphase eines Systemes erstellt und ist hardware-unabhängig. Nachrichten, die von Capsules an Funktionsbausteine geschickt werden sollen, werden dabei in zeitabhängige Belegungen von Eingangsvariablen der Funktionsbausteine umgesetzt. Belegungen der Ausgangsvariablen von Funktionsbausteinen werden in Nachrichten umgewandelt, die an Capsules gesendet werden können. In diesem Artikel wird gezeigt, dass man aus der Verwendung von FBAs frühzeitig Synchronisationsprobleme zwischen Funktionsbausteinen und Capsules erkennen und Echtzeitanforderungen an die für die Kommunikation zuständige Software und Hardware ableiten kann.

1. Motivation und Einleitung

Speicherprogrammierbare Steuerungen (SPSen) haben im Bereich der Automatisierungstechnik eine weite Verbreitung gefunden. Die Einsatzgebiete erstrecken sich von der Produktautomatisierung (z.B. in Werkzeugmaschinen) über die Fertigungs- und Gebäudeautomatisierung bis hin zur Prozessautomatisierung. Wegen ihrer hohen Zuverlässigkeit, guten Echtzeiteigenschaften und einfachen Handhabung werden sie vor allem in der operativen Ebene der Unternehmenshierarchie [1] eingesetzt.

Auf der taktischen Ebene der Unternehmenshierarchie findet man hauptsächlich Standard-Personalcomputer (PCs) oder Workstations, deren Aufgaben in den Bereichen Betriebsdatenerfassung, Produktionsplanung, Produktionssteuerung und Visualisierung liegen. Echtzeitfähigkeit wird von den Computersystemen dieser Ebene nicht gefordert. Eine Kommunikation zwischen taktischer und operativer Ebene darf nicht die Echtzeitfähigkeit der in der operativen Ebene eingesetzten SPSen beeinflussen. Das gilt gleichermaßen für die Kommunikation zwischen dem World Wide Web (WWW) und der operativen Ebene.

Aber auch in der operativen Ebene werden parallel zu SPSen zunehmend auf PC-Technik basierende Automatisierungsgeräte eingesetzt, die ähnlichen Echtzeitanforderungen wie die SPSen unterliegen. Hier kann man deshalb auch eine echtzeitfähige

Kommunikation zwischen PC-basierten Automatisierungsgeräten und SPSen erlauben.

Wir können deshalb allgemein feststellen, dass die Kommunikationsbeziehungen zwischen SPS- und PC-basierten Computersystemen sehr vielfältig sind und auch einer besonderen Beachtung ihrer Echtzeiteigenschaften bedürfen. In diesem Artikel untersuchen wir diese Echtzeiteigenschaften auf der Ebene des Softwareentwurfes näher.

Die Programmierung von SPSen erfolgt hauptsächlich durch Sprachen der IEC 61131-3. In der Entwurfsphase werden in erster Linie die Ablaufsprache und Funktionsbausteine verwendet. Dem Konzept einer Softwarekomponente entspricht dabei der Funktionsbaustein.

PC-basierte Automatisierungsgeräte werden zunehmend mittels objektorientierter Sprachen wie C++ oder Java programmiert. In der Entwurfsphase wird zumeist die UML eingesetzt. Dem Konzept einer Softwarekomponente entspricht hier die Klasse. Im Bereich der echtzeitfähigen objektorientierten Softwareentwicklung werden häufig spezielle Klassen zur Modellierung aktiver Objekte eingesetzt – sogenannte Capsules [5].

In [7] haben wir Funktionsbausteinadapter (FBAs) vorgestellt, die es bereits in der Entwurfsphase eines Systems erlauben, Kommunikationsbeziehungen zwischen Capsules und Funktionsbausteinen zu modellieren. Mit FBAs werden Funktionsbausteine so ummantelt, dass sie aus Sicht der UML wie Capsules angesprochen werden können. Aus der Sicht der IEC 61131-3 kann ein FBA wie ein Funktionsbaustein behandelt werden. Es ist dabei unerheblich, ob das Capsule eine Softwarekomponente modelliert, die sich in der operativen Ebene, in der taktischen Ebene oder im WWW befindet. Der Funktionsbaustein könnte sich in einer "klassischen" SPS oder in einer Soft-SPS auf einem PC oder Mikrocontroller befinden. In [8] wurden zwei Realisierungen eines FBA gegenübergestellt, wobei in beiden Fällen das Capsule auf einem Industrie-PC und der Funktionsbaustein auf einer SPS (SIMATIC-S7) liefen, aber unterschiedliche Kommunikationskanäle verwendet wurden (PROFIBUS und Direktverdrahtung von digitalen Ein-/Ausgängen).

In den Abschnitten 2 und 3 wird zunächst ein FBA in Form eines konkreten Beispieles eingeführt. Dieses Beispiel wird in den darauf folgenden Abschnitten zur genaueren Erläuterung der dort vorgestellten Konzepte verwendet. Im Abschnitt 4 wird die Behandlung eines Synchronisationsproblemes erläutert, das aus der Nebenläufigkeit von Capsule und Funktionsbaustein resultiert. Abschnitt 5 beschreibt, wie man zeitliche Anforderungen an die unter dem FBA liegende Software und Hardware ableiten kann. Mit Abschnitt 6 schließen wir diesen Artikel durch eine Zusammenfassung ab.

2. Beispiel für eine Kommunikationsbeziehung

In diesem Abschnitt führen wir beispielhaft einen Funktionsbausteinadapter ein, den wir *MyFBA* nennen. Dazu beschreiben wir in 2.1 den Funktionsbaustein *MyFB*, der später mit einem Capsule *MyCapsule* kommunizieren soll. In 2.2 stellen wir das Capsule *MyCapsule* vor. Abschnitt 2.3 enthält schließlich die Spezifikation des FBA *MyFBA*.

2.1. Der Funktionsbaustein MyFB

Abbildung 1 zeigt *MyFB* in Form eines Diagrammes. Die Definition der benutzerdefinierten Datentypen *In_Data* und *Out_Data* sind in Abbildung 2 angegeben.

Die für die Eingangs- und Ausgangsvariablen erlaubten Belegungen sind in Abbildung 3 in Form eines Zeitdiagrammes beschrieben. Den Eingangsvariablen *A*, *B* und *C* ist das Präfix *MyFBA* vorangestellt, um zu zeigen, dass diese Variablen vom FBA gesetzt werden, der später vorgestellt wird.

MyFB kann eine Nachricht empfangen und eine Nachricht senden. Der Empfang der *Nachricht B* beginnt zum Zeitpunkt t_2 mit einer positiven Flanke in *B*. Dabei übernimmt *MyFB* nacheinander zwei Werte in *A* und bestätigt die Übernahme mit *F*. Bei der zweiten Bestätigung in *F* stellt *MyFB* in *D* Daten für den Kommunikationspartner bereit (t_6). Deren Übernahme wird mit *B* bestätigt (t_7). Zum Zeitpunkt t_8 ist die Übermittlung der *Nachricht B* beendet. Die *Nachricht E* sendet *MyFB*, indem er zunächst Daten in *D* zur Verfügung stellt und anschließend in *E* eine positive Flanke ausgibt (t_{10}). Die Übernahme der Daten wird durch ein positive Flanke in *C* bestätigt. Zum Zeitpunkt t_{12} ist die Datenübertragung beendet. Beim Übermitteln

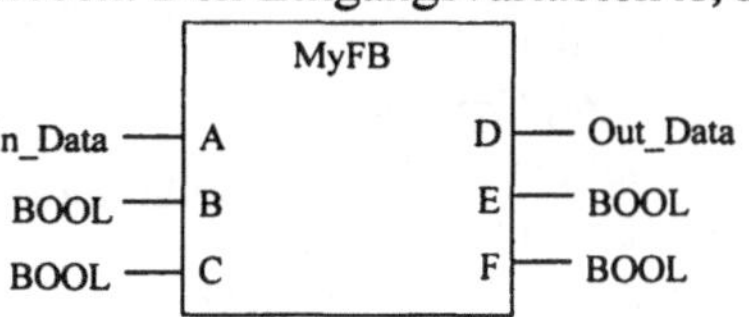

Abbildung 1. Der Funktionsbaustein

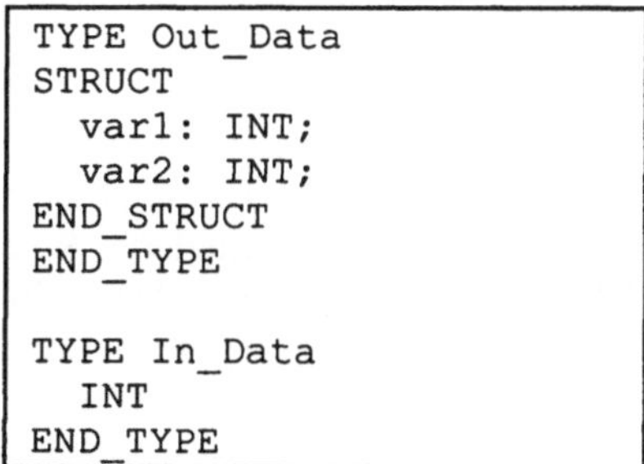

```
TYPE Out_Data
STRUCT
   var1: INT;
   var2: INT;
END_STRUCT
END_TYPE


TYPE In_Data
   INT
END_TYPE
```

Abbildung 2. Datentypdefinitionen

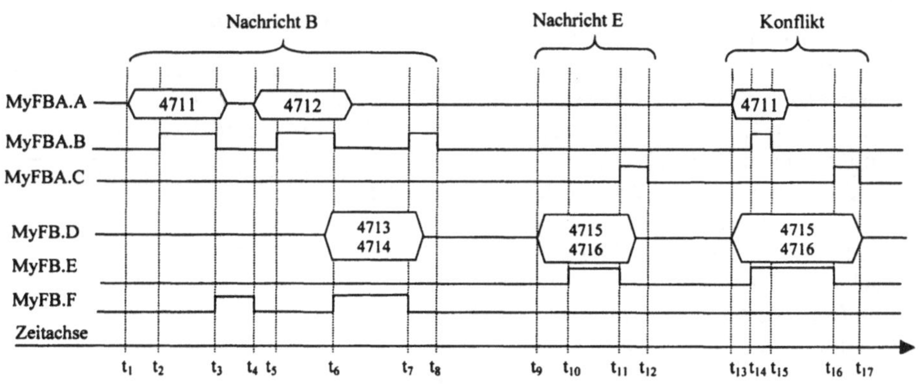

Abbildung 3. Kommunikation zwischen MyFBA und MyFB

der *Nachricht B* darf *E* nicht verwendet werden. Das Gleiche gilt für *B* beim Übermitteln der *Nachricht E*. Die *Nachricht E* hat höhere Priorität, so dass im Konfliktfall (t_{14}) der Sender der *Nachricht B* zurücknimmt.

Das in Abbildung 3 vorgestellte Verhalten soll im weiteren auch als das FB-Protokoll bezeichnet werden. Das mit dem Capsule verbundene Protokoll wird im nächsten Abschnitt vorgestellt.

2.2. Das Capsule MyCapsule

In Abbildung 4 ist ein Klassendiagramm gegeben, das die für die Kommunikation mit *MyCapsule* notwendigen Elemente enthält. Eine

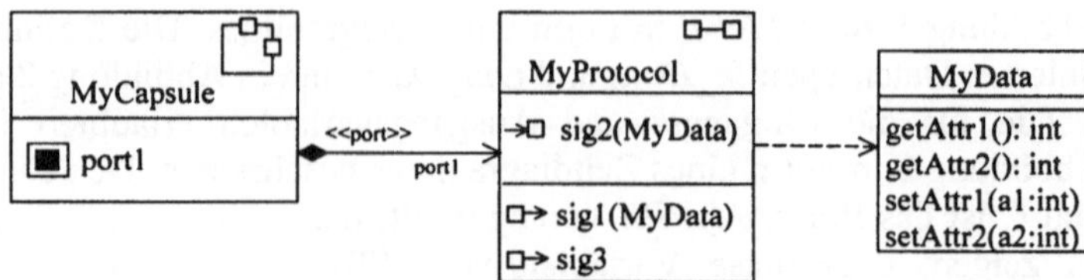

Abbildung 4. Die Klassen MyCapsule, MyProtocol und MyData

ausführliche Erklärung der Stereotypen <<Capsule>> und <<Protocol>> findet man in [5] und [6].

MyCapsule enthält einen Port *port1*, der das Protokoll *MyProtocol* implementiert. Über *port1* kann *MyCapsule* die Nachrichten *sig1* und *sig3* senden und die Nachricht *sig2* empfangen. Mit den Nachrichten *sig1* und *sig2* werden Objekte der Klasse *MyData* versendet bzw. empfangen. Die Klasse *MyData* enthält zwei Attribute vom Typ *int*, auf die über Operationen der Klasse zugegriffen werden kann. Der Kommunikationspartner von *MyCapsule* muss einen Port enthalten, der die konjugierte Rolle von *MyProtocol* implementiert. Das heißt, dass über diesen Port *sig2* gesendet und *sig1* und *sig3* empfangen werden können. Mögliche Kommunikationssequenzen kann man aus dem Statechart in Abbildung 5 ableiten. Der Zustand *free* bedeutet, dass der Kommunikationskanal frei ist. In diesem Zustand können die Nachrichten *sig1*

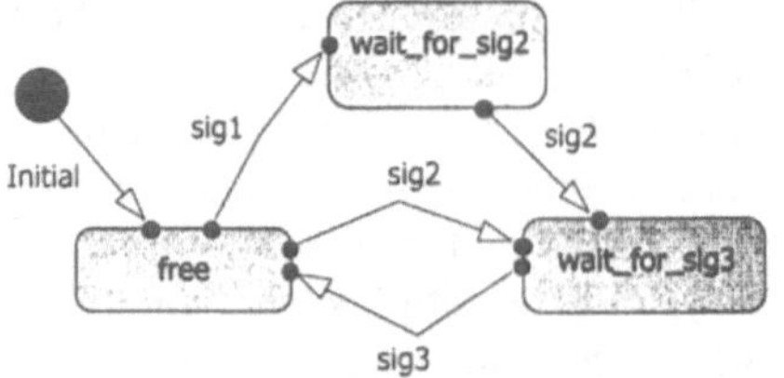

Abbildung 5. Statechart zu MyProtocol

und *sig2* gesendet werden. Nach dem Senden von *sig1* ist der Kommunikationskanal erst wieder frei, wenn *sig2* und *sig3* in dieser Reihenfolge gesendet wurden. Das Senden von *sig2* im Zustand *free* erfordert *sig3*, um wieder in *free* zurückzukehren.

Ähnlich wie in Zeitdiagrammen kann man Kommunikationssequenzen in der UML mit Hilfe von Sequenzdiagrammen darstellen. In Abbildung 6 ist als Kommunikationspartner *MyFBA* dargestellt, der im nächsten Abschnitt vorgestellt wird. Mit *sig1* wird *myData1{attr1=4711, attr2=4712}* übertragen. Sig2 enthält *myData2{attr1=4713, attr2=4714}* bzw. *myData3{attr1=4715, attr2=4716}*. Sollten die Kommunikationspartner gleichzeitig versuchen, den Kanal zu belegen, dann entscheiden Prioritäten, die man den Nachrichten zuordnen kann, über den Gewinner. In *MyProtocol* hat *sig2* die höchste, *sig1* die zweithöchste und *sig3* die niedrigste Priorität.

Man erkennt bereits die Parallelen zwischen dem hier vorgestellten Protokoll und dem FB-Protokoll. Eine formale Abbildung beider Protokolle aufeinander liefern die nächsten Abschnitte.

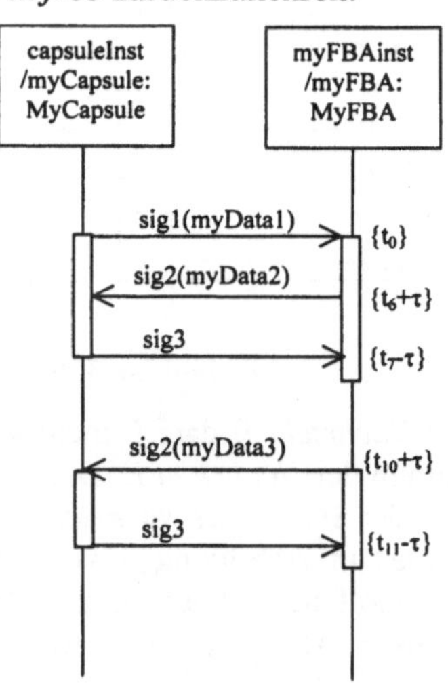

Abbildung 6. Sequenzdiagramm

2.3. Der Funktionsbausteinadapter MyFBA

Ein FBA besitzt einen strukturellen und einen operationalen Teil. Der strukturelle Teil von MyFBA ist in Abbildung 7 in textueller Form gegeben. Die Schreibweise ist an die aus der IEC 61131-3 bekannten angelehnt. Es müssen die Ein- und Ausgabevariablen zum Funktionsbaustein (FB) und die Ports zu den Capsules deklariert werden. (Ein FBA muss nicht zwangsläufig nur einen FB mit einem Capsule verbinden.) Im FBA können die Typen aus der IEC 61131-3 gleichermaßen wie die UML-Typen verwendet werden. Beginnt ein Portname mit dem Zeichen "~", dann implementiert das Port die konjugierte Rolle des Protokolls. Man kann also *port1* von *MyCapsule* mit *~port1* von *MyFBA* verbinden. Genauso kann man die Ausgangsvariablen von *MyFB* mit den Eingangsvariablen von *MyFBA* und umgekehrt verknüpfen.

```
FUNCTION_BLOCK_ADAPTER MyFBA
  FB_Variables
    VAR_IN
      D: Out_Data;
      E, F: BOOL;
    END_VAR
    VAR_OUT
      A: In_Data;
      B, C: BOOL;
    END_VAR
  END_FB_Variables

  Capsule_Ports
    ~port1: MyProtocol;
  END_Capsule_Ports

  Signal_Mapping
    No_Signal: (NOT B) & (NOT E);
    ~port1.sig1 raises FBSignal(B);
    FBSignal(E) raises ~port1.sig2;
  END_Signal_Mapping
```

Abbildung 7. Struktureller Teil des FBA

Die Abbildung der Nachrichten beider Protokolle aufeinander (*Signal_Mapping*) ist sehr wichtig für die Funktionsweise des FBA. Es muss der Ruhezustand im Funktionsbausteinprotokoll definiert sein (*No_Signal*) und die Startbedingungen für eine Nachrichtenübermittlung aus dem Ruhezustand heraus. Die Prioritäten in beiden Protokollen müssen übereinstimmen. *MyFBA* empfängt *sig1* und wandelt es in *Nachricht B (FBSignal(B))* für *MyFB* um. *MyFBA* empfängt *Nachricht E (FBSignal(E))* und wandelt sie in *sig2* um. Wie das geschieht und welche Aktionen dazu ausgeführt werden müssen beschreibt der operationale Teil des FBA.

Abbildung 8 zeigt den operationalen Teil des FBA. Dieser Teil besteht aus zwei Operationen. *On_UMLSignal(s1: ~port.sig1)* beschreibt die Aktionen zum Übermitteln von *Nachricht B* an *MyFB*. Die Klausel *On_Exception* ist optional und wird beim unvorhergesehenen Verlassen der Operation ausgeführt. *On_FBSignal(E)* wandelt *Nachricht E* in Nachricht *sig2* um. Nach der Klausel *Signals* können Variablen deklariert werden, die als UML-Nachrichten versendet werden können. Zwischen *Begin* und *END* sind Anweisungen wie *delay, waitFor, sendSync, sendAsync* sowie Zuweisungen zu Variablen erlaubt. Variablen vom Typ einer UML-Nachricht haben die gleichen Eigenschaften (Attribute, Operationen) wie die der assoziierten Datenklasse (siehe auch Abbildung 4). Das Verhalten von Operationen dieser Klassen kann in UML durch OCL-Constraints in Form von Vor- und Nachbedingungen beschrieben werden [3]. Eine genauere Erläuterung der beiden Operationen von *MyFBA* erfolgt in den nächsten Abschnitten.

3. Das Zeitverhalten von MyFBA

Um das Zeitverhalten von MyFBA zu kennzeichnen, sollen hier die Zeitmarken aus Abbildung 3 und Abbildung 6 verwendet werden.

Sig1 trifft bei t_0 am Port des FBA ein. Damit beginnt die Abarbeitung der entsprechenden Operation für *sig1*. Nach dem Setzen von *A* befindet sich der FBA zwischen t_1 und t_2. Zu t_2 wird *B* auf *True* gesetzt. Ab diesem Zeitpunkt wartet der FBA mit der Anweisung *waitFor* auf die Bedingung *F* für maximal 50 ms. Diese Deadline muss aus der Spezifikation von *MyFB* bekannt sein. Zu t_3 wird *B* zurückgesetzt und auf das Zurücksetzen von *F* gewartet. Dann wird *A* und *B* erneut gesetzt und ab t_5 wieder auf die Bedingung *F* gewartet. Bei t_6 wird *B* zurückgesetzt und die Attribute von *s2* werden entsprechend der Werte in *D* gesetzt. Zum Zeitpunkt $t_6+\tau$ wird mit *sendSync* die Nachricht *s2* an *My-Capsule* gesendet und für maximal 3 s auf die Nachricht *s3* von *My-Capsule* gewartet. Diese Deadline muss aus der Spezifikation von *MyCapsule* oder aus dem FB-Protokoll bekannt sein. Abgeschlossen wird die Operation, indem mit Hilfe der Anweisung *delay* für 2 ms *B* auf *True* gesetzt wird. Diese Zeit muss der Spezifikation von *MyFB* entnommen werden.

Bei Eintreffen der *Nachricht E* von *MyFB* wird die Operation *On_FBSignal(E)* ausgeführt. Zunächst werden die Attribute von *s1*

```
FBA_Operations
 On_UMLSignal (s1: ~port1.sig1)
  Signals
     s2: ~port1.sig2;
     s3: ~port1.sig3;
  Begin
     A := s1.getAttr1();
     B := True;
     waitFor( F, T#50ms );
     B := False;
     waitFor( F = False, T#50ms );
     A := s1.getAttr2();
     B := True;
     waitFor( F, T#50ms );
     B := False;
     s2.setAttr1( D.var1 );
     s2.setAttr2( D.var2 );
     sendSync( s2, s3, T#3s );
     B := True;
     delay( T#2ms );
     B := False;
  END
  On_Exception
   Begin
      B := False;
      A := 0;
   END
 END_On_UMLSignal

 On_FBSignal (E)
  Signals
     s1: ~port1.sig2;
     s2: ~port1.sig3;
  Begin
     s1.setAttr1( D.var1 );
     s1.setAttr2( D.var2 );
     sendSync( s1, s2, T#3s );
     C := True;
     delay( T#2ms );
     C := False;
  END
 END_On_FBSignal
END_FUNCTION_BLOCK_ADAPTER
```

Abbildung 8. Operationaler Teil des FBA

entsprechend *D* belegt und zum Zeitpunkt $t_{10}+\tau$ die Nachricht *s1* an *MyCapsule* geschickt. Dann wird für maximal 3 s auf das Eintreffen der Nachricht *s2* gewartet. Abgeschlossen wird die Operation mit dem Setzen von *C* auf *True* für 2 ms. Diese Zeit muss ebenfalls der Spezifikation von *MyFB* entnommen werden.

Bisher haben wir noch nicht den Konfliktfall aus Abbildung 3 berücksichtigt. Der Zustand zum Zeitpunkt t_{14} kann im schlechtesten Fall bis zum Erreichen der ersten *waitFor* Anweisung in *On_UMLSignal(...)* eintreten. Ist das der Fall, muss die Abarbeitung dieser Operation abgebrochen werden. Dabei werden die Anweisungen nach der Klausel *On_Exception* ausgeführt. (Diese Anweisungen werden auch beim Erreichen einer Deadline ausgeführt.)

Der gerade erwähnte Konfliktfall führt zwangsläufig zum Problem der Synchronisation innerhalb eines FBA, das im Abschnitt 4 behandelt wird. Die bisher vorgestellten Konzepte und die FBA-Sprache aus Abbildung 7 und Abbildung 8 sind die Mittel, mit denen man beim Entwurf eines FBA arbeiten muss. Die in den weiteren Abschnitten folgenden Erläuterungen sollen einem tieferen Verständnis von FBAs dienen und zu einer möglichst großen Automatisierung bei der Implementierung von FBAs führen.

4. Synchronisation innerhalb von Funktionsbausteinadaptern

Wie wir bereits in Abschnitt 1 ausgeführt haben, können sich Capsules und Funktionsbausteine, die von FBAs verbunden werden, auf unterschiedlichen Computersystemen, die durch ein Netzwerk verbunden sind, befinden (siehe auch [8]). Das bedeutet, dass ein FBA Rechnergrenzen überschreiten kann. Selbst wenn keine Rechnergrenzen überschritten werden, beinhaltet ein FBA im allgemeinen Fall zwei Prozesse, die synchronisiert werden müssen. Wir bezeichnen den ersten als F-Prozess,

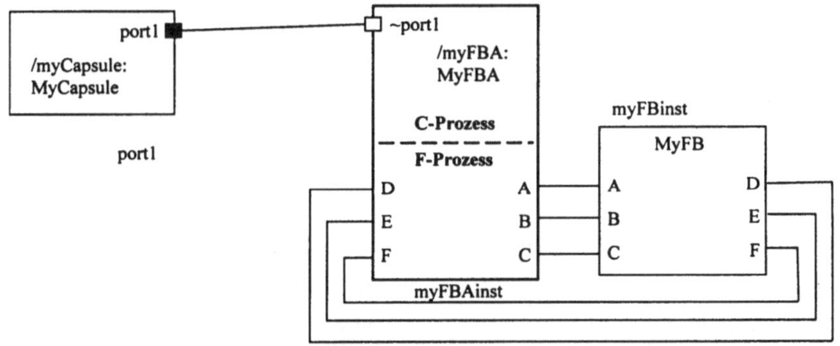

Abbildung 9. Darstellung von C-Prozess und F-Prozess in MyFBA

der für die Belegung der FB-Variablen zuständig ist, und den zweiten als C-Prozess, der das Senden und Empfangen von Nachrichten über Ports übernimmt. In Abbildung 9 ist *MyFBA* in graphischer Form in die beiden Prozesse aufgeteilt dargestellt. Das Diagramm in Abbildung 9 zeigt weiterhin, wie *MyFBA* mit *MyFB* in einem Funktionsblockdiagramm nach IEC 61131-3 und mit *MyCapsule* in einem Strukturdiagramm nach [5] verbunden werden kann.

Zur Unterstützung bei der Erläuterung der FBA-internen Arbeitsweise soll das Statechart von *MyFBA* herangezogen werden (Abbildung 10). Um das Statechart etwas komprimierter darstellen zu können, haben wir die Namen der Zustände (*S1* bis *S25*) neben die Zustände in Kursivschrift eingezeichnet. In den Zuständen stehen Freitextinformationen, die einen Zustand näher kennzeichnen sollen. In den vollständig Weiß unterlegten Zuständen ist der F-Prozess aktiv und der C-Prozess wartet auf eine Nachricht vom F-Prozess. In den vollständig Grau unterlegten Zuständen ist es umgekehrt. In den Zuständen *S1* und *S2* sind beide Prozesse nicht synchronisiert. Sie sind deshalb mit einem grau-weißem Muster unterlegt. Die Zustände, die einen grau-weißen Gradienten aufweisen, markieren eine Kommunikation zwischen den beiden Prozessen, bei der gleichzeitig die Aktivität von einem Prozess zum anderen weitergegeben wird.

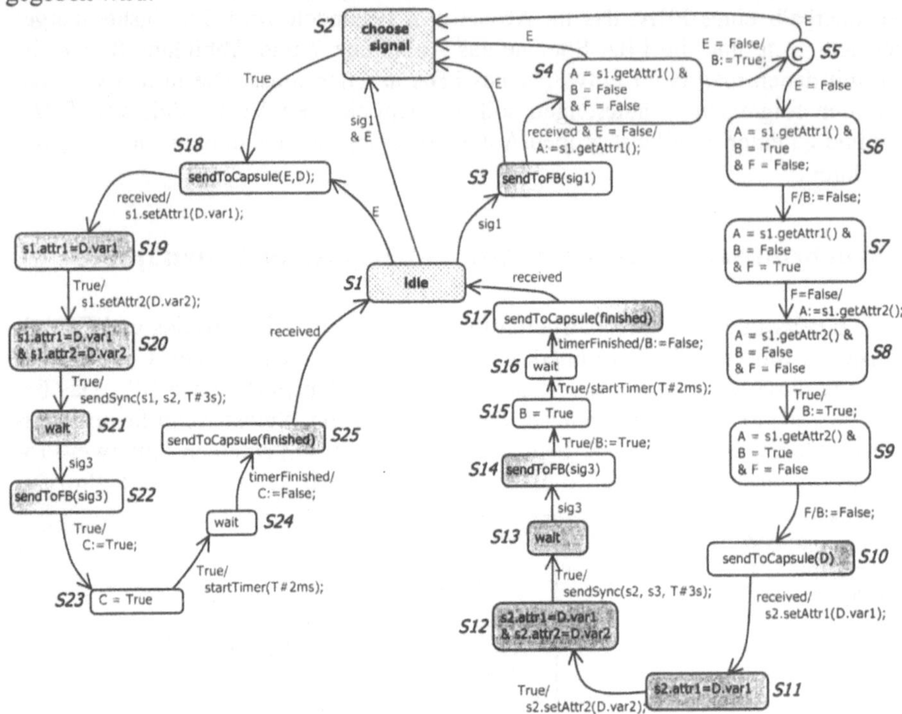

Abbildung 10. Statechart von MyFBA

Im Ruhezustand befindet sich *MyFBA* in *S1*. In diesem Zustand wartet der C-Prozess auf Nachrichten von *MyCapsule* oder auf eine Nachricht vom F-Prozess. Der F-Prozess wartet seinerseits auf Nachrichten von *MyFB* oder vom C-Prozess. Sollten beide Prozesse gleichzeitig Nachrichten von *MyFB* bzw. *MyCapsule* empfangen, geht *MyFBA* in Zustand *S2* über. Dieser Zustand ist dadurch gekennzeichnet, dass die beiden Prozesse unterschiedliche Nachrichten bearbeiten möchten. Dieser Konflikt wird bei der prozessinternen Kommunikation erkannt und mit Hilfe der Prioritätsvergabe gelöst, die in *MyProtocol* (Abschnitt 2.2) vorgenommen wurde. In *MyFBA* wird deshalb in den Zustand *S18* übergegangen. In diesen Zustand wird aus *S1* direkt übergegangen, wenn der F-Prozess die *Nachricht E* erhält, während der C-Prozess weiter auf Nachrichten wartet.

Im Zustand *S18* werden dem C-Prozess vom F-Prozess die notwendigen Informationen (Art der Nachricht und Daten) übermittelt. Der F-Prozess wartet danach auf eine Antwort vom C-Prozess. Die Zustandsfolge *S18* bis *S25* repräsentiert die fehlerfreie Abarbeitung der Operation *On_FBSignal(E)*. Da *Nachricht E* die höchste Priorität besitzt, kann diese Operation nicht durch eine höherpriore Nachricht unterbrochen werden. Nach der Übermittlung der Nachricht *finished* in *S25* warten beide Prozesse wieder auf Nachrichten von außerhalb.

Erkennt der C-Prozess im Zustand *S1* die Nachricht *sig1*, während der F-Prozess weiter auf Nachrichten wartet, wird im konflikt- und fehlerfreien Fall die Zustandsfolge *S3* bis *S17* abgearbeitet. Ab dem Zustand *S6* ist laut Definition (Abschnitt 2.1) die *Nachricht E* nicht mehr erlaubt. Bis *S5* kann *MyFB* jederzeit damit beginnen, *Nachricht E* zu senden. In diesem Fall führt *MyFBA* die Aktionen unter *On_Exception* aus und geht in *S2* über.

Im Statechart wurden aus Gründen der Übersichtlichkeit die Transitionen und ein Zustand weggelassen, die beim Erreichen einer Deadline ausgeführt werden. Neben *S1* und *S2* gäbe es dann noch einen weiteren Timeout-Zustand, in dem die beiden Prozesse nicht synchronisiert sind. Bei Erreichen einer Deadline würden dann aus den Zuständen *S2*, *S3*, *S6*, *S7*, *S9*, *S10*, *S13*, *S17*, *S18*, *S21* und *S25* Transitionen in den Timeout-Zustand übergehen. In diesem Zustand würde so lange verblieben, bis beiden Prozessen der Fehlerfall bekannt ist. Deadlines können aufgrund eines FBA-internen oder FBA-externen Kommunikationsfehlers erreicht werden.

Nachdem wir in diesem Abschnitt das Verhalten eines FBAs auf einer logischen Ebene betrachtet haben, sollen daraus im nächsten Abschnitt Anforderungen an die Implementierungsphase abgeleitet werden. Soweit es möglich ist, möchten wir uns dabei weiterhin an die Modellierungsmittel halten, die uns von der UML zur Verfügung gestellt werden.

5. Quality of Service

Unter Quality of Service (QoS) versteht man in der UML die quantitative Modellierung von Ressourcen wie Zeit, Speicher oder Prozessorleistung, die von UML-Elementen benötigt werden. Wir möchten uns in diesem Artikel lediglich auf die Ressource Zeit beschränken.

Um eine maximale Zeit angeben zu können, die für die Übersetzungstätigkeit eines FBA benötigt wird, muss man die Abarbeitung einer FBA-Operation unter den ungünstigsten Bedingungen analysieren, bei denen noch keine Deadline überschritten wird. Allgemein setzt sich die maximale Abarbeitungszeit einer FBA-Operation aus den folgenden Bestandteilen zusammen:

a) Summe der Deadlines aller waitFor-Anweisungen,

b) Summe der Deadlines aller sendSync-Anweisungen,

c) Summe der Zeiten aller delay-Anweisungen,

d) Summe der Ausführungszeiten aller ":="-Anweisungen,

e) Summe der Ausführungszeiten von aufgerufenen Operationen einer Datenklasse,

f) Summe der Deadlines für die in einer Operation notwendige FBA-interne Kommunikation.

Die unter a) bis c) aufgeführten Zeiten lassen sich direkt aus den FBA-Operationen (Abbildung 8) ablesen. Die Ausführungszeit einer Zuweisung unter d) entspricht der Zeit für das Kopieren des Inhaltes eines prozess-internen Speicherbereiches. Diese Zeit ist von der Implementierungsumgebung (Programmiersprache, Plattform) des Prozesses abhängig. Die Ausführungszeit einer Operation einer UML-Klasse unter e) kann ebenfalls erst ermittelt werden, wenn deren Implementierungsumgebung festgelegt wurde. Mit Hilfe des in [2] vorgestellten QoS-Frameworks kann man aber schon in der Entwurfsphase Vorgaben für die Implementierung definieren (z.B. *MyData::setAttr1(a1:int)* $\leftarrow$ *{qosDelay ="10 us"}*). Die unter f) gesuchten Zeiten sind allgemein wesentlich größer als die unter d) und e). Sie hängen vom FBA-internen Kommunikationsprotokoll und vom Kommunikationskanal zwischen F- und C-Prozess ab.

Existieren bereits Anforderungen an die maximale Ausführungszeit einer FBA-Operation, hat man in der FBA-internen Kommunikation die meisten Freiheitsgrade, um in der Implementierungsphase diese Anforderungen zu erreichen. Ist andererseits die Implementierungsumgebung schon vollständig festgelegt, kann man aus a) bis f) die Antwortzeiten des FBA ermitteln und mit den Anforderungen vergleichen.

6. Zusammenfassung

In diesem Artikel haben wir gezeigt, wie man schon in der Entwurfsphase eines Systems Kommunikationsbeziehungen zwischen Funktionsbausteinen und Capsules mit Hilfe von Funktionsbausteinadaptern modellieren kann. Berücksichtigt man die FBA-interne Kommunikation zwischen F- und C-Prozess und die daraus resultierende Notwendigkeit zur Synchronisation beider Prozesse, kann man verlässliche Aussagen über das Zeitverhalten eines FBA machen. Voraussetzung dafür ist, dass die Implementierungsumgebung des FBA bekannt ist. Ist das nicht der Fall, kann man das Quality of Service – Framework der UML verwenden, um zeitliche Anforderungen an das Ausführungsverhalten eines FBA zu stellen, die in der Implementierungsphase berücksichtigt werden müssen.

7. Literatur

[1] M. Polke, B. Will, "Neue Qualität der Führung verfahrenstechnischer Prozesse", Automatisierungstechn. Praxis atp 31 (1989), S. 115-126

[2] Response to the OMG RFP for Schedulability, Performance, and Time, Document Version 1.0, OMG document number ad/2000-08-04

[3] UML draft V1.4, OMG document number ad/2001-02-14

[4] Programmable controllers, Part 3; Programming Languages, IEC 61131-3

[5] B. Selic, J. Rumbaugh, "Using UML for Complex Real-Time Systems", http://www.objectime.com/otl/technical/umlrt.html

[6] Rational Software Corp., "Rational Rose RealTime Users Guide", 1999

[7] T. Heverhagen, R. Tracht, "Integrating UML-RealTime and IEC 61131-3 with Function Block Adapters", Proc. of ISORC 2001, May 2-4, 2001, IEEE Computer Society. S. 395-402, http://isorc2001.cs.uni-magdeburg.de/

[8] T. Heverhagen, R. Tracht, "Implementing Function Block Adapters", Proc. of OMER-2, May 2001, Herrsching a. Ammersee, Report Nr. 2001-03, University of the Federal Armed Forces Munich. S. 11-18
http://inf2-www.informatik.unibw-muenchen.de/GROOM/OMER-2/index.html

Objektorientiertes Programmmieren unter PEARL90 bei einem Roboterprojekt

J. Hofschulte, W. Gerth

Institut für Regelungstechnik, Universität Hannover
Appelstrasse 11, 30167 Hannover
home page: `http://www.irt.uni-hannover.de/`

1   Einführung

Im Rahmen der Forschung des Instituts für Regelungstechnik wurde ein Mensch-Maschine-Interface zur Steuerung des zweibeinigen Roboters BARt-UH [4] [6] entwickelt. Dieses sogenannte BARt-Control-Panel [3] (kurz BCP) sollte dabei in der Lage sein, den Roboter zu koordinieren und zu überwachen. Da an dem Roboter stetig weitergeforscht wird, gibt es häufig Erweiterungen am Aufbau der Software. Um die Neuerungen mit dem BCP nutzen zu können, ist eine Anpassung der BCP-Software erforderlich. Damit dies aufgrund des zusätzlichen Aufwandes nicht unterbleibt, sollen Ergänzungen so einfach wie möglich umsetzbar sein. Zudem sollten sich neue Funktionen einheitlich in das Bedienkonzept des BCP integrieren, ohne die Erweiterbarkeit in irgendeiner Weise zu beschränken. Da die Bedienelemente des BCP zudem alle ähnlich in ihrer Funktionsweise sind, bot sich eine objektorientierte Betrachtungsweise des Programmaufbaus an.

2   Grundelemente der objektorientierten Programmierung

Grundlage der OOP [1] ist die Betrachtungsweise von Programmen als eine Zusammensetzung vieler, teils ähnlicher Objekte. Objekte bestehen jeweils aus Eigenschaften oder auch Merkmalen und sogenannten Methoden. Eigenschaften sind Variablen die zu einem bestimmten Objekt gehören und in denen der aktuelle Zustand eines Objektes gespeichert ist. Methoden sind Funktionen und Prozeduren, die die Eigenschaften eines Objektes modifizieren und die Fähigkeiten eines Objektes darstellen.

Aus der Symbiose von Variablen und Funktionen ergeben sich neue Fähigkeiten, die insbesondere bei dynamisch (zur Laufzeit) angelegten Objekten viele Vorteile mit sich bringen. So ist unter anderem für mehrere Objekte eines Objekttyps lediglich eine Implementierung der Methoden erforderlich. Dies ist möglich da alle Objekte eines Typs den selben Aufbau und damit die selben Eigenschaften und Methoden haben. Lediglich der Inhalt der Eigenschaften ist unterschiedlich. Diese Fähigkeit von Objekten wird noch durch die sogenannte Vererbung erweitert. Neue Typen von Objekten stammen jeweils von einem Eltern-Objekt ab

---

[1] objektorientierte Programmierung

und erben automatisch alle Eigenschaften und Methoden samt Implementation der Eltern. Die neu abgeleiteten Objekte sind dann um neue Eigenschaften und Methoden erweiterbar, um ihren Leistungsumfang zu vergrößern und sie an ihre jeweilige Aufgabe anzupassen. Dazu ist es auch möglich, vorhandene Methoden durch neue Implementationen zu überladen und damit die individuellen Eigenschaften, auch in Kombination, mit den geerbten Methoden nutzen zu können. Die überschriebene Implementation ist dabei von der neuen aufrufbar, um die Implementation des Eltern-Objektes mitbenutzen zu können. Bei der Entwicklung neuer Objekt-Klassen sind bei strenger Einhaltung des Gesamtkonzepts daher lediglich die zu erneuernden Progammteile zu implementieren. Durch das Ergänzen neuer Objekt-Klassen bleiben diese nach wie vor kompatibel zu den Eltern-Objekten und können in neuen Konstellationen ihre Vorteile ausnutzen. Der Aufbau von Objekten, die von dem selben Eltern-Objekt abstammen, ist folglich ähnlich und damit teilweise bekannt, wenn der Aufbau des Eltern-Objektes bekannt ist. Dies gilt auch für die Groß- und Groß-Groß-Eltern usw. Dieser Zusammenhang wird auch als Polymorphismus bezeichnet. Er ermöglicht es, eine ganze Gruppe von Objekten, eine sogenannte Klasse von Objekten, die irgendwo von ein und demselben Eltern-Objekt abstammen, einheitlich anzusprechen ohne dass der genaue Aufbau und die individuelle Implementierung von Methoden bekannt ist.

Die Vorteile, die sich aus dem Polymorphismus ergeben, werden besonders deutlich, wenn Objekte andere Objekte als Eigenschaften haben. Bei derartigen Objekt-Beziehungen bezeichnet man das Objekt, das ein anderes Objekt besitzt, auch als Subjekt des anderen Objektes. Diese Beziehung ermöglicht durch den Polymorphismus, dass das Subjekt lediglich die Struktur irgendeiner Eltern-Objekt-Klasse des besessenen Objektes zu kennen braucht, um dennoch unterschiedliche Objekt-Typen nutzen zu können. Es ist damit unerheblich, ob das besessene Objekt wirklich von der Klasse ist, mit der es beim Subjekt spezifiziert ist, oder ob es nur die Eigenschaften und Methoden von dieser Klasse geerbt hat. Für das Subjekt ist der Aufbau des besessenen Objektes über die Klasse im ausreichenden Maße bekannt. Erst zur Laufzeit ergibt sich, aus welcher Stufe im Hierarchie-Baum die Methode wirklich aufgerufen wird.

3 OOP unter PEARL90

Die Programmiersprache PEARL [2] ist seit ihrer ersten Spezifkation 1969 eine rein prozedurale Sprache. Es sind bisher keine Elemente vorgesehen, die eine Objektstruktur aufbauen und behandeln könnten. Dennoch ist es möglich, einen begrenzten objektorientierten Ansatz in PEARL umzusetzen.

Objekte sind eine Art Struktur, die die Eigenschaften und Methoden der Objekte sowie ihre Vererbung untereinander beschreibt. Eine Zusammenfassung von Variablen und Prozeduren ist in PEARL mittels Zeigern auf Prozeduren in einer Struktur möglich. Eine Realisierung der Vererbung und Erweiterung von Objekten gelingt in PEARL dagegen nur auf einem weitaus komplizierteren Wege. Der einfachste Weg ist daher, wenn alle Objekte nur eine Struktur haben, die abhängig von der Vererbungsstufe nur teilweise genutzt wird. Dieser Ansatz wird hier vorerst angenommen.

Das BCP ist in Form von identisch aufgebauten Menüs gegliedert, durch die man sich hierarchisch zu den einzelnen Menüpunkten bewegen kann. Alle Menüs haben am rechten und linken Bildschirmrand Auswahlfelder, sogenannte Buttons, die sich durch am Gehäuse danebenliegende Taster betätigen lassen. Dabei sind die linken Buttons Auswahlmöglichkeiten, die beim Betätigen Aktionen auslösen. Die rechten Buttons haben zwei Knöpfe und erhöhen oder vermindern bestimmte Zahlenwerte zur Eingabe von Parametern. In der Mitte zwischen den beiden Button-Leisten befindet sich ein Statusfeld, in dem Text- oder Grafikausgaben getätigt werden können. Damit hat jedes Menü dieselbe Struktur und besteht aus:

- einem Titel
- Darstellungseigenschaften
- 8 Aktionsbuttons
- 8 Parameterbuttons
- einer Darstellungsroutine
- und einem Statusfeld.

Dies legt die Betrachtung eines Menüs als ein Objekt nahe, das aus 16 Buttons, diversen Eigenschaften und mindestens einer Methode zur Darstellung besteht. Unterschiedliche Menüs sind dann unterschiedliche dynamisch dereferenzierte Variablen, deren Eigenschaften und Methoden unterschiedlich implementiert sein können.

Der Aufbau der Buttons ist genauso wie der Aufbau der Menüs für alle Buttons relativ ähnlich. Sie bestehen aus:

- einem Titel (Caption)
- Darstellungseigenschaften
- einer Darstellungsroutine
- einer Routine, die ausgeführt wird, sobald der Button betätigt wird.

Die charakteristischen Unterschiede der Buttons ergeben sich im wesentlichen erst durch die unterschiedlichen Reaktionen, die die Betätigung der Buttons auslösen. Damit lassen sich die Buttons auch als Objekte betrachten, die entsprechend ihren Aufgaben unterschiedliche Merkmale und Methoden haben. Menüs bekommen dann für jede Button-Position ein Button-Objekt zugeordnet, wobei in der Menüdefinition nur die Grundstruktur des Button bekannt sein muss. Damit ergibt sich die Definition der Menü- und Button-Objekte zu:

```
TYPE TMENUE STRUCT
  [! Eigenschaften
   CAPTION CHAR(MAXLENGTH),        ! Titel
   BTN(16) REF TMENUEPUNKT,        ! Buttons
   ...
   ! Methoden
   ONPAINT REF PROC(SELF REF STRUCT[]), ! zum Zeichnen des Menüs
```

```
 ...];

TYPE TMENUEPUNKT STRUCT
  [! Eigenschaften
   CAPTION CHAR(MAXLENGTH),     ! Titel
   ...
   ! Methoden
   ONCLICK REF PROC(SELF REF STRUCT[]), ! Aktionsroutine
   ONPAINT REF PROC(SELF REF STRUCT[]), ! Zeichnen des Buttons
   ...];
```

Dies spezifiziert bisher nur den Aufbau der Objekte. Das Anlegen der Objekte,
bzw. das Dereferenzieren erfolgt dynamisch erst zur Laufzeit. Folglich sind alle
Zeiger nach dem Anlegen eines Objektes mit Werten zu füllen und das Verhalten
eines Objektes zu spezifizieren. Dies geschieht üblicherweise in OOP-Konzepten
durch den Compiler automatisch, in PEARL muss es jedoch durch explizite
Routinen erfolgen.

Zum Anlegen von Objekten ist es üblich, eine bestimmte vordefinierte Routine aufzurufen, die alle notwendigen Initialisierungen zu den Objekten übernimmt, einen sogenannten Constructor. Das Gegenstück, das sich um das ord-
nungsgemäße Entfernen der Objekte aus dem Speicher kümmert, ist ein Destructor. Beide zählen selbst zu den Methoden eines Objektes. Derartige Routinen
sind in PEARL von Hand zu kodieren und gehören hier, entgegen üblichen OOP-
Sprachen, nicht in die Objektdefinition. Es sind eigenständige Funktionen, die
eine Objektstruktur im Speicher anlegen und mit Initialwerten füllen bzw. diese
aus dem Speicher löschen. Für einen Button könnte ein Constructor wie folgt
aussehen:

```
CREATENORMALBTN:PROC(CAPTION CHAR(MAXLENGTH),
                ONCLICK REF STRUCT[]) RETURNS(REF TMENUEPUNKT);
DCL BTN REF TMENUEPUNKT;
 BTN=MALLOC(SIZEOF(BTN),0);
 BTN.CAPTION:=CAPTION;
 BTN.ONCLICK:=ONCLICK;
 BTN.ONPAINT:=PAINTNORMALBTN;
 ...
 RETURN(BTN);
END;
```

Dem Constructor werden charakteristische Werte für die anzulegende Objektin-
stanz übergeben, wie hier der Text, mit dem der Button beschriftet ist, sowie
einen Zeiger auf eine Prozedur, die beim Betätigen des Buttons aufzurufen ist.
Zurück liefert der Constructor einen Zeiger auf das neu angelegte Objekt.

Der Destructor besteht lediglich aus einem Aufruf von **free** zur Freigabe des
von dem Objekt belegten Speichers.

```
NORMALBTNDESTRUCTOR:PROC(Self REF TMENUEPUNKT);
```

```
  FREE(Self);
END;
```

Um zu unterscheiden, welches Objekt aus dem Speicher zu löschen ist, muss dem Destructor in PEARL ein Self-Zeiger übergeben werden. Bei OOP-Sprachen ist dies nicht erforderlich, da durch die Zuordnung der Methoden zu einer Objektstruktur, eine Abhängigkeit bekannt ist. Hier wird der Self-Zeiger daher ohne zusätzliche Definition bereitgestellt und verweist innerhalb einer Methode immer auf die eigene Objektstruktur im Speicher. Unter PEARL ist dieser Zeiger explizit dem Methoden-Aufruf beizufügen. Eine Implementation der Methode `PAINTNORMALBTN` sähe dann wie folgt aus:

```
PAINTNORMALBTN:PROC(SELF REF TMENUEPUNKT, X FIXED, Y FIXED);
  Zeichne_Button(X,Y,SELF.CAPTION);
END;
```

Verschiedene Objektklassen unterscheiden sich durch unterschiedliche Eigenschaften und Methoden sowie deren Implementation. So gibt es für das BCP zur Zeit fünf verschiedene Button-Objekte mit unterschiedlichen implementierten Fähigkeiten:

- NORMALBTN : Ruft beim Betätigen eine Prozedur auf
- SUBMENUBTN : Wechselt das aktuelle Menü
- TOGGLEBTN : Wählt einen Punkt aus einer Menge von Elementen aus
- COUNTERBTN: Verändert einen Parameterwert
- EMPTYBTN: ist ein Leerobjekt

Für jede dieser Objektklassen gibt es einen individuellen Constructor, der die charakteristischen Objekteigenschaften festlegt und zuordnet. Jeder Constructor liefert allerdings einen Zeiger auf den selben Typ `TMENUEPUNKT` zurück. Dadurch ist für externe Routinen entsprechend des Polymorphismus ein für alle Objektvarianten einheitlicher Zugriff auf die Eigenschaften und Methoden eines Objektes möglich. Damit alle Objektvarianten eines `TMENUEPUNKT`-Objektes ihre Eigenschaften und Methoden über die Struktur zuordnen können, muss die Objektstruktur sämtliche Eigenschaften und Methoden aller Objektvarianten beinhalten. Dies ist erforderlich, da sich unter PEARL Strukturen nicht erweitern lassen. Damit haben die meisten Objekte eigentlich zu viele Eigenschaften und Methoden und belegen unnütz Arbeitsspeicher. Dies ließe sich unter PEARL nur recht aufwändig vermeiden. Eine Möglichkeit dazu wäre, alle Eigenschaften und Methoden in zwei dynamisch angelegten Feldern zusammenzufassen. Die Zuordnung zu den einzelnen Eigenschaften und Methoden würde dann über den Feldindex erfolgen. Bei Objekten, die in der Objekthierarchie relativ weit unten liegen und damit viele Vorfahren haben, wären die Felder dann größer als bei Objekten in höheren Hierarchie-Stufen. Dieser Ansatz wurde hier nicht verfolgt, da ausreichend Speicher zur Verfügung steht und der Ansatz einen wesentlich höheren Programmieraufwand erfordert hätte.

So unterscheiden sich in der hier vorgestellten Realisierung alle Objekte eines Typs nur dadurch, welche Routinen für die entsprechenden Methoden aufgerufen werden und welche Eigenschaften diese nutzen. Die Vererbung erfolgt damit unter PEARL nicht bei der Definition der Objekte, sondern erst beim Anlegen durch den Constructor. Eine neue Vererbungsstufe in der Objekt-Hierarchie ergibt sich folglich, sobald ein neuer Constructor definiert wird.

Zum Anlegen eines Menüs sind lediglich die Constructor der Button-Objekte aufzurufen und deren Rückgabewerte an ein Menü-Objekt (bzw. dessen zugehörigen Constructor) zu übergeben.

```
Hauptmenue= CreateMenu('Hauptmenü',
           CREATENORMALBTN('Programmende',Terminate),
           CREATESUBMENUBTN('Roboter Init.', InitMenue),
           EMPTYBTN, ...);


InitMenue= CreateMenu('Roboter Initialisieren',
           CREATENORMALBTN('Nulllage anfahren',Nullfahrt),
           ...);
CALL NachrichtenSchleife(Hauptmenue);
```

Der Constructor eines Menüs erfordert als Argumente zunächst den Titel des Menüs. Im Anschluß daran sind 16 Zeiger auf Button-Objekte zu übergeben, die den Tastern am BCP zugeordnet werden. Als Rückgabewert liefert der Constructor auch hier wieder einen Zeiger auf das angelegte Menü-Objekt. Mit dem Anlegen eines neuen Menü-Objektes mit neuen Button-Objekten wird die Menüstruktur auf eine einfache Weise erweitert. Die SUBMENUBTN-Objekte stellen dann die Verbindungen zwischen den einzelnen Menüebenen auf.

Nach dem Anlegen der Objekte und damit der Menüstruktur übernimmt eine Nachrichtenschleife die Verwaltung der Menüs, die sämtliche Eingaben oder Ereignisse entgegennimmt und verwaltet. Sie ist der Koordinator des Zusammenspiels der Objekte und die einzige Schnittstelle zum System.

```
NachrichtenSchleife:PROC(StartMenue:REF TMENUE);
 AktuellesMenue=StartMenue;
 WHILE 1=1 REPEAT                            ! Endlosschleife
  AktuellesMenue.OnPaint(AktuellesMenue); ! Menü darstellen
  GET TastenDruck from Keyboard;            ! oder Mausposition
  CASE TastenDruck
  ALT ('1'): AktuellesMenue.BTN[1].ONCLICK(AktuellesMenue.BTN[1]);
  ALT ('2'): AktuellesMenue.BTN[2].ONCLICK(AktuellesMenue.BTN[2]);
  ...
  FIN;
 END;
END;
```

Ein Nachrichten-Zyklus beginnt zunächst mit dem Darstellen des aktuell-en Menüs. Dies geschieht durch den Aufruf der ONPAINT-Methode des aktuellen Menü-Objektes, mit einem Zeiger auf das eigene, aktuelle Menü-Objekt als Argument. Dies ist, wie weiter oben bereits erwähnt, zur Zuordnung eines self-Zeigers erforderlich. In der Methode werden dann die Darstellungsroutinen der dem Menü-Objekt zugeordneten Button-Objekte aufgerufen sowie das Statusfeld gezeichnet. Im weiteren wertet die Nachrichtenschleife Tastendrücke aus und ruft gegebenenfalls die zugehörigen ONCLICK-Methoden der entsprechenden Button-Objekte auf. Auch hier übergibt die Nachrichtenschleife wieder einen Zeiger auf die zugehörige Objektstruktur.

4 Denkbare nützliche Ergänzungen zu PEARL90

Die bisher vorgestellten Verfahren zur Implementierung objektähnlicher Strukturen sind konform zur Definition von PEARL90. Entgegen [5] wurde bewußt vermieden, Veränderungen am Sprachumfang von PEARL90 oder zusätzliche Programmpakete vorauszusetzen. Dennoch wären einige Erweiterungen der Sprache für eine OOP hilfreich.

Grundsätzlich nachteilig ist die allumfassende Objekt-Struktur. Hier wäre es wünschenswert, wenn sich bestehende Strukturen erweitern ließen. Die Veränderungen im Compiler würden sich dabei noch in Grenzen halten. Eine Erweiterbarkeit bestehender Strukturen erscheint auch bei der prozeduralen Programmierung als nützlich, um beispielsweise in Bibliotheken definierte Strukturen um eigene Variablen ergänzen zu können. Führt man für erweiterbare Strukturen das Schlüsselwort ESTRUCT ein könnte die Erweiterung einer bestehenden Struktur beispielsweise wie folgt aussehen:

```
TYPE TPDReglerParameter ESTRUCT
   [Kp, Kd : FLOAT];
TYPE TPIDReglerParameter ESTRUCT EXTEND TPDReglerParameter
   [Ki : FLOAT];
```

Die Struktur TPIDReglerParameter beinhaltet dann alle Parameter Kp, Kd und Ki, die zu einem PID-Regler gehören. Die Adressierung der Variablen Ki einer PID-Regler-Struktur erfolgt dann genauso, wie die Adressierung der anderen Variablen. Der Zugriff auf die Variable Ki einer PD-Regler-Struktur führt dagegen zu einem Fehler.

In einem weiteren Schritt ließe sich dann anhand der ESTRUCT Definition erkennen, dass es sich bei Zeiger auf Prozeduren um Methoden handelt. Denen könnte der Compiler beim Aufrufen dann stets implizit als erstes Argument ein Void-Zeiger auf die eigene Struktur übergeben. Dadurch wäre beim Aufruf einer Methode die Übergabe für den Self-Zeiger nicht mehr explizit anzugeben und Programmierfehler ließen sich vermeiden. Die aufgerufenen Prozeduren müßten dann als ersten Parameter einen Void-Zeiger erwarten. Aber auch dies ließe sich z.B. durch Einführen einer erweiterten Prozedur-Deklaration vereinfachen (beispielsweise EPROC). Derartig definierte Prozeduren werden dann stets intern mit einem vorangestellten Void-Zeiger mit dem Namen SELF aufgerufen, ohne ihn bei der Programmierung explizit angeben zu müssen.

5 Möglichkeiten, Grenzen und Vorteile einer objektorientierten Programmierung unter PEARL90

Das Ziel, eine Menüstruktur zu entwickeln, die sich auf eine einfache Art und Weise erweitern und pflegen läßt, wurde durch den objektorientierten Ansatz erreicht. Neue Menü-Objekte fügen sich einheitlich in die bestehende Menüstruktur ein und sind ohne tiefergehende Modifikationen an den bestehenden Menüs implementierbar. Der objektorientierte Ansatz der Buttons ermöglicht zudem das wiederverwenden vorhandener Methoden und Objektstrukturen in neuen Menüs.

Bisher nicht umgesetzt wurde die Vererbung der Eltern-Implementation der Methoden. Der dargestellte Ansatz zur Darstellung von Objekten ermöglicht es nicht, Vorgänger-Instanzen (die Methoden der Eltern-Objekte) der Objekthierarchie anzusprechen. Dies wäre besonders hilfreich bei der Erweiterung der Fähigkeiten von Objekten. In OOP-Sprachen sind die Methoden-Implementierungen des Eltern-Objektes über ein Schlüsselwort, wie z.B. `inherited` erreichbar. Ein Ansatz zur Umsetzung einer entsprechenden Aufrufkette ließe sich durch eine `inherited`-Eigenschaft in der Objekt-Struktur realisieren, der ein Zeiger auf das eigene Objekt ist. Die entsprechenden Methoden zeigen dann auf die Implementierung des Eltern-Objektes. Die Verbindungen zu den Eltern-Objekt Implementierung ist im Constructor aufzustellen. Dies macht aber die Handhabung derartiger Vorgänger-Zeiger relativ aufwändig, weshalb dieser Ansatz bisher nicht weiter verfolgt wurde.

Ein weiterer, nützlicher Vorteil des vorgestellten objektorientierten Programmaufbaus wäre die Möglichkeit, Objekte in Dateien abzuspeichern. Da sich die Zustände von Objekten in ihren Eigenschaften widerspiegeln, sind lediglich diese in einer Datei in Form eines sogenannten Streams zusammen mit einer Objekttyp-Kodierung zu sichern. Beim Laden können die Objekte anhand der gespeicherten Information rekonstruiert werden. Es ist dabei unerheblich, ob nur Objekte eines Typs oder unterschiedliche Objekte in einem Stream gespeichert sind. Zur Implementierung von Streams wären die Objekte jeweils um zwei Methoden zu ergänzen: Eine Methode, die die Eigenschaften und die Typkodierung in eine Datei schreiben, sowie eine Methode, die ein Objekt anlegt und ihre Eigenschaften wieder aus einer Datei liest. In Zusammenhang mit dem BCP wäre es damit denkbar, die Menüstruktur in Form mehrerer Streams vorzuhalten, die erst beim Betreten eines Menüs geladen werden. Sind dann noch die Implementationen der Methoden in nachladbaren Bibliotheken gespeichert, ließe sich auf diese Weise die Menüstruktur des BCPs erweitern, ohne den gesamten Code neu kompilieren zu müssen.

Ein bisher nicht betrachteter Aspekt ist die Möglichkeit, mittels Zeiger auf Tasks auch eigenständige Programmteile mit in die Objekt-Fähigkeiten aufzunehmen. Damit könnte ein Objekt selbständig werden und losgelöst von der Nachrichtenschleife Dienste verrichten. Ein Beispiel dazu wäre eine objektorientierte Modellierung unterschiedlicher Regler in einem Prozessleitsystem. Eine Zusammenfassung der Tasks, die zu einem Regler gehören, mit den Parametern und Initialisierungsroutinen zu einem Objekt würde eine Vereinfachung der Administration und Implementierung neuer Regler ermöglichen. Laufen z.B. auf einem Prozessrechner mehrere Regler unterschiedlichen Typs und mit unterschiedlichen Abtastzeiten, so würde eine objektorientierte Verwaltung der Regler das Starten, Parametrieren und Anhalten durch ein übergeordnetes Verwaltungssystem vereinfachen. Das Verwaltungssystem bräuchte nur den Aufbau des Regler-Stamm-Objektes zu kennen, um die einzelnen Regler-Objekte steuern zu können. Folgende Objekt-Struktur wäre denkbar:

```
TYPE TREGLER STRUCT
  [! Eigenschaften
   T : DURATION,                 ! Abtastzeit
   Kp, Kd, Ki : FLOAT,           ! Parameter eines PID-Regler
   ! Methoden
   INITREGLER REF PROC(SELF REF STRUCT[]), ! Reglerinitialisierung
   START      REF PROC(SELF REF STRUCT[]), ! Start des Reglers
   HALT       REF PROC(SELF REF STRUCT[]), ! Anhalten des Reglers
   ! Tasks
   REGLER REF TASK]; ! Zeiger auf Regler-Task
```

Eine Routine des Verwaltungssystems, die z.B. alle Regler in einem Notfall ausplant, bräuchte lediglich die Methode HALT der Regler-Objekte aufzurufen. Dem Verwaltungssystem müssen zur Koordination die Unterschiede der einzelnen Regler-Objekte nicht bekannt sein. Änderungen an den einzelnen Regler-Objekten oder Erweiterungen bedürfen keiner Veränderungen am Verwaltungssystem. Der Ansatz mit Zeigern auf Tasks integriert Tasks in die Objektstruktur allerdings nur begrenzt: für jeden aktivierten Regler muss eine eigene Task vorhanden sein. Da in PEARL90 keine Möglichkeit vorgesehen ist zur Laufzeit neue Tasks zu erzeugen, muß dem Constructor zum Anlegen eines Objektes ein Zeiger auf eine zuvor angelegte Task jeweils mit übergeben werden.

Standardisierte Regler-Objekte, wie z.B. ein PID-Regler, ließen sich in Objekt-Bibliotheken vorhalten. Einmal implementierte Regler, zusammen mit ihren Aufrufen, Initialisierungen und Parameterdefinitionen, sind dann einheitlich und können immer wieder verwendet werden. Hierdurch ließen sich Fehler bei der Entwicklung vermeiden. Sollte im nachhinein ein Regler durch einen anderen Reglertyp, wie z.B. ein Fuzzy- oder Zustandsregler ersetzt werden, so wäre lediglich eine andere Objekt-Klasse zu definieren. Da neue Objekte vom Regler-Stamm-Objekt abgeleitet sind, wären auch diese sofort durch das Verwaltungssystem administrierbar.

Beim Einsatz einer objektorientierten Programmierung von Regler-Systemen ist jedoch besonders auf die Stabilität und Betriebssicherheit der entwickelten Programmsysteme zu achten. Durch die Objekt- und Zeigerstrukturen kann es schwierig werden, den Überblick über das Zusammenspiel der einzelnen Komponenten zu behalten. Dies gilt insbesondere in Zusammenhang mit Zeigern auf Tasks. Nichtsdestotrotz ist zu erwarten, dass eine erprobte Nachrichtenschleife, erprobte Objekte oder ein oft erprobtes Verwaltungssystems zur Betriebssicherheit beiträgt.

Am Institut für Regelungstechnik der Universität Hannover befindet sich ein neuer zweibeiniger Roboter mit jeweils sechs Freiheitsgraden pro Bein in der

Entwicklung. Es ist geplant, die Regelung der Antriebe in Form von Objekten zu strukturieren, die jeweils einen Regler zur Regelung einer oder mehrerer Achsen darstellen. Dabei ist es möglich, durch Austauschen einiger Objekte die Regelung einzelner Achsen zu verändern, oder die Regelung mehrerer Achsen zusammenzufassen. Durch eine Kapselung der einzelnen Programmteile wiederum in Objekte, sollen die Schnittstellen zwischen den einzelnen Teilsysteme normiert und vereinfacht werden. So unterscheiden sich z.B. die Anbindung der Sensoren für die einzelnen Achsen. Einige Meßwerte werden aus Registern des Prozessors abgelesen und einige kommen über den CAN-Bus. Durch eine Kapselung der Ist-Werte in Objekten ließen sich alle Werte einheitlich ansprechen. Sollten sich einige Sensoren oder deren Anbindung an das System in der Entwicklung noch ändern, so wäre lediglich das kapselnde Objekt auszutauschen. Dies ist bei unterschiedlichen Antrieben, wie DC oder EC-Motoren etc. ähnlich.

6 Zusammenfassung

Moderne grafische Mensch-Maschine-Schnittstellen sind besonders vorteilhaft in Form eines objektorientierten Ansatzes programmierbar. Deshalb wurde versucht, bei einer Steuerung für einen zweibeinigen Roboter, eine OOP unter PEARL90 zu implementieren. Im Rahmen der erwähnten Grenzen ist dies im wesentlichen durch Zeiger auf Prozeduren und Funktionen gelungen, so dass sich die Steuerung leicht und einheitlich um neue Fähigkeiten erweitern läßt. Dabei werden Grenzen und Möglichkeiten aufgezeigt, verschiedene Elemente der OOP unter PEARL90 nachzuempfinden. Dieser Artikel macht darüberhinaus Vorschläge, bei welchen Problemstellungen sich eine OOP unter PEARL außerdem vorteilhaft einsetzen läßt, ohne Veränderungen an der Sprachdefinition oder Programmbibliotheken zwingend vorauszusetzen. Damit soll eine Betrachtungsweise von möglichen Programmelementen vermittelt werden, die eine konsequente, wiederverwendbare und einfach zu wartende Programmierung ermöglicht.

Literatur

1. E. Warken: *Delphi 4*, Addison-Wesley ISBN 3-8273-1375-9
2. GI-Fachgruppe 4.4.2: *PEARL90 language report Version 2.2*,
   ftp://ftp.irt.uni-hannover.de/pub/pearl/report.pdf
3. A. Meller: *Entwicklung und Aufbau einer Eingabevorrichtung zur Initialisierung und Steuerung eines zweibeinigen Roboters*, Diplomarbeit am Institut für Regelungstechnik 2000, unveröffentlicht
4. J. Hofschulte, O. Schermeier: *Entwurf, Aufbau und Inbetriebnahme eines bipedalen Roboters*, Diplomarbeit am Institut für Regelungstechnik 1999, unveröffentlicht
5. A. Heinke Frigeri, W. A. Halang: *Eine objektorientierte Erweiterung von PEARL90*, PEARL 97/ Workshop über Realzeitsysteme, Springer-Verlag ISBN 3-540-63562-9
6. *Zweibeiniger Roboter BARt-UH*, http://www.biped.irt.uni-hannover.de/

Integriertes Datenmanagement
von Mess- und Videodaten

Erwin Kneuer und Hamid Pornak

Werum GmbH
Erbstorfer Landstrasse 14
21337 Lüneburg

1 Zusammenfassung

In der Messdatenverarbeitung wird neben der Erfassung von Messwerten eine gleichzeitige Aufzeichnung von dazugehörigen Videodaten immer wichtiger. Dies gilt insbesondere dann, wenn Personen durch intuitive Reaktionen einen Versuchsablauf beeinflussen (z.B. Simulation oder Test von Fahrassistenzsystemen). Weitere Einsatzgebiete sind die Visualisierung der Umgebung (wie Straßen- und Wetterbedingungen) bei der Auswertung von Fahrversuchen oder die Überwachung von Bauteilen an Kraftfahrzeugen bzw. an laufenden Fabrikanlagen.
Die Aufzeichnung von Mess- und Videodaten erfolgt häufig noch mit getrennten Systemen (z.B. Messwerterfassungs-PC plus Videorecorder), oder die Videodaten werden zumindest getrennt von den Messdaten in einer eigenen Datei abgelegt. Bei diesen Verfahren ist es dann häufig schwierig,

- Mess- und Videodaten zeitlich sehr genau zuzuordnen

- von einem Test nur Teile aus den Versuchsdaten zu löschen

- Versuchsdaten einfach und effizient zu verwalten und zu archivieren

In diesem Vortrag wird ein Mess- und Videoerfassungssystem vorgestellt und demonstriert mit folgenden Eigenschaften:

- Trigger-gesteuerte Erfassung

- Speicherung von Mess- und Videodaten in einer Echtzeit-Datenbank

- Bildgenaue (25 Bilder pro Sekunde) Zuordnung von Messwerten zu einem Videobild

- Frei wählbare Einblendungen von Messwertdarstellungen im Videobild

- Geeignet für mobile Messwerterfassung im Kraftfahrzeug

2 Das Basissystem DAVIS

2.1 Einsatzgebiet

Kontinuierliche Messdaten fallen bei vielen Anwendungen in der Messtechnik an. Dazu zählen z.B.

- Test- und Prüfstände in der Industrie

- Labormessplätze in der Wissenschaft

- Dezentrale Messeinrichtungen mit verteilten Messstellen z.B. zur Umweltüberwachung

- Systeme zur Flugerprobung oder Kontrolle von Weltraumexperimenten

- Mobile Messsysteme z.B. für Fahrzeugversuche

Die grundsätzlichen Aufgabenstellungen in Bezug auf Messdatenverarbeitung und -management sind bei derartigen Messanwendungen immer dieselben.

Hierzu zählen das:

- **Erfassen** von Messdatenströmen, unter Umständen von verschiedenen Geräten und Systemen, mit verschiedenen Verfahren und teilweise mit hohen Datenraten

- **Verarbeiten** der Messdatenströme, d.h. das
    - Kalibrieren der Messkanäle
    - Überprüfen der Messdaten auf Grenzwerte
    - Verknüpfen der Messkanäle

- **Visualisieren** der Messwerte, unter Umständen an mehreren verteilten Plätzen und mit veränderbaren Layouts

- **Abspeichern** und gegebenenfalls Archivieren der Messdaten

- **Auswerten** der Messdaten

Das Konzept von DAVIS beinhaltet folgende Anforderungen an ein modernes Messdatenverarbeitungs- und -managementsystem:

- **Skalierbarkeit und Portabilität**

- **Offenheit**

- Nutzung moderner **Datenbanktechnologie** für das Datenmanagement, d. h. die Verwaltung, Speicherung, Zugriff und Sicherung der Daten

- **Dynamische Flexibilität**, d.h. Anpassbarkeit an geänderte Messbedingungen - auch im laufenden Betrieb

- **Multimedialität**, d.h. die Möglichkeit der Verarbeitung von Sensor-, Audio- und Videodaten

- **Funktionalität**, d.h. komfortable und sichere Bedienung mittels grafischer Benutzeroberflächen

DAVIS steht für Data Audio Video Information System. Es wurde von Werum in Zusammenarbeit mit den Instituten für Flugmedizin und Raumsimulation des Deutschen Zentrums für Luft- und Raumfahrt, DLR MUSC, Köln, entwickelt. Die Schnittstellen zu LabVIEW wurden von der Firma S.E.A., Köln, realisiert.

2.2 Konzept

DAVIS ist konsequent modular strukturiert. Es besteht aus den drei Funktionskomponenten FrontEnd, Server und Klient, die folgende Prozesse beinhalten:

- **DAVIS-FrontEnd**

– FrontEnd:	Aufnahme der Daten

• DAVIS-Server

– Acquisition:	Aufbereitung der Daten für das Processing und die Abspeicherung in der Datenbank
– Storage:	Schritthaltende Abspeicherung der einlaufenden Daten in einer Echtzeit-Datenbank
– Processing:	Kanalorientierte Bearbeitung der Daten
– Access:	Zugriff auf die Datenbank
– Administration:	Verwaltung und Steuerung der DAVIS-Prozesse
– Archivation (Option):	Archivierung von Datenbeständen parallel zur Erfassung und Abspeicherung
– Export (Option):	Export von selektierten Daten aus der Datenbank im ASCII- oder Binärformat

• DAVIS-Klient

– Display:	Bereitstellung der Daten zur Visualisierung. Die einlaufenden Daten können unmittelbar in Echtzeit (online) bzw. zeitversetzt aus der Datenbank heraus angezeigt werden (offline)

Das folgende Diagramm zeigt den Datenfluss zwischen den Prozessen:

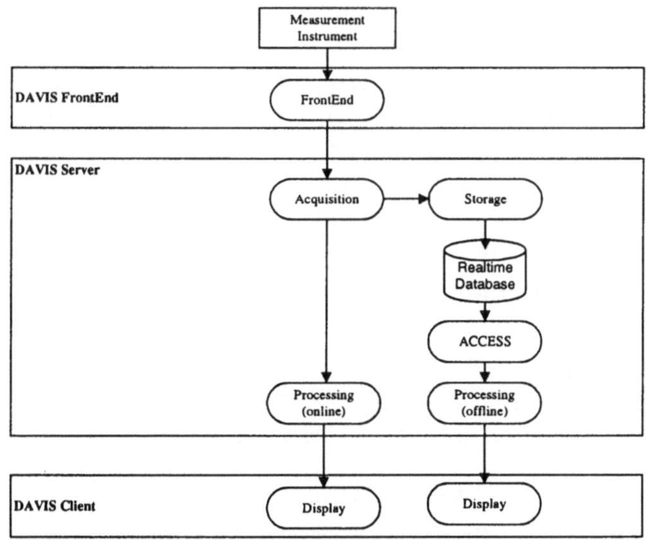

Alle Prozesse des DAVIS-Servers kommunizieren untereinander mittels RPC (Remote Procedure Call). Das DAVIS-FrontEnd und die DAVIS-Klienten kommunizieren mit dem DAVIS-Server auf Basis von TCP/IP.

3 Die Videokomponenten

3.1 Das Video-FrontEnd

Das Video-FrontEnd ist ein eigenständiges Windows-NT-Programm, dass die digitalisierten Videodaten in komprimierter Form direkt von einer Video-Encoderkarte entgegennimmt, mit einem Zeitstempel versieht und für eine weitere Verarbeitung zur Verfügung stellt. Das Video-FrontEnd kann mehrere gleichartige Encoderkarten verwalten und hat folgende Struktur:

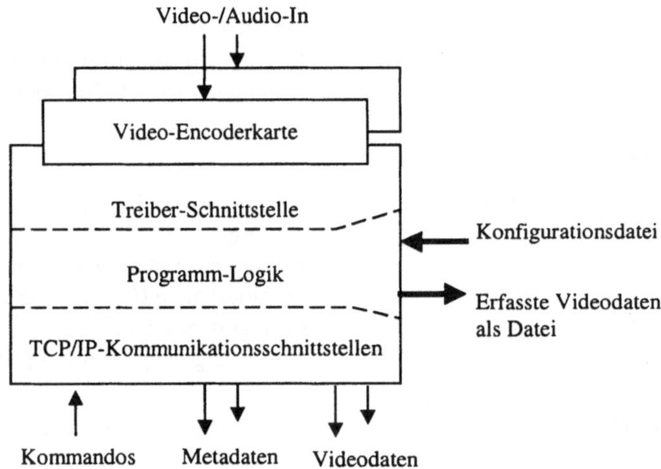

Jede Encoderkarte hat ihren eigenen Meta- und Videodatenausgang. Als Video-Encoderkarte wird z.Zt. der VideoONE Recorder von Array Microsystems eingesetzt, der folgende Eigenschaften hat:

Video Capture
- Compression by Array Microsystem's Video*Flow*® chipset
- Real-time IBBP or I-frame MPEG-1 encoding

SIF	QSIF
352x240 at 30 fps (NTSC)	176x120 at 30 fps (NTSC)
352x288 at 25 fps (PAL)	176x144 at 25 fps (PAL)

- Input: S-Video and Composite
- Controls: Brightness, Contrast, Hue and Saturation

- Video Bit Rates: 64Kbps to 3.072Mbps
- Preview: Up to 30 fps before and during MPEG capture

Audio Capture
- Compression by Analog Devices 2181 DSP
- MPEG-1 Layer II, Stereo and Mono
- MPEG-1 Audio Resolutions:
  Stereo: 64-384Kbps
  Mono: 32, 48, 56 and 80Kbps
- MPEG-1 Audio Sample Rates: 48, 44.1 and 32 KHz
- Controls: Mute, Balance and Volume
- Input/Output: Line Level, Mini Stereo Jacks

Tests haben gezeigt, dass mit einer Datenrate von 1,15 Mbit/s bereits eine recht gute Bildqualität bei Fahrversuchen mit Kraftfahrzeugen erreicht werden kann.

Das Video-FrontEnd ist modular aufgebaut, dies ermöglicht die einfache Einbindung von anderen Encoderkarten. Dabei ist das Format der digitalisierten Videodaten beliebig, da DAVIS selbst die Videodaten nicht interpretiert und als einen beliebigen binären Datenstrom verwaltet. Allerdings muss der Video-Klient das entsprechende Datenformat der Videodaten verarbeiten können.

Sobald eine Encoderkarte initialisiert ist und Videodaten produziert, werden diese in einem Ringbuffer zwischengespeichert während gleichzeitig Informationen über die entsprechende "Metadaten"-Schnittstelle in einer DAVIS-FrontEnd-konformen Art ausgegeben werden.

Über die Schnittstelle "Kommandos" können folgende Funktionen im Video-FrontEnd aktiviert werden:

- Videodaten ab Zeitpunkt X über die Kommunikationsschnittstelle "Videodaten" ausgeben (DAVIS-FrontEnd-konform)
- Ausgabe von Videodaten stoppen
- Videodaten ab Zeitpunkt X mit einer Zeitdauer von Y in eine Datei schreiben (DAVIS-FrontEnd-konform) inklusive eines Datei-Headers mit Metainformationen. Diese Ausprägung gilt für eine mobile Datenerfassung, für die Auswertung werden die Videodaten dann später in DAVIS übernommen

Liegt der Zeitpunkt X in der Vergangenheit, müssen die entsprechenden Videodaten noch im Ringbuffer (dieser hat z.Zt. eine Kapazität von 30 Sekunden) vorhanden sein.

Der Zeitpunkt X+Y kann in der Zukunft liegen, das Schreiben von Videodaten endet erst dann, wenn dieser Zeitpunkt erreicht ist.

DAVIS speichert in seinem Videodatenstrom parallel zu dem reinen MPEG-Datenstrom noch zusätzliche Informationen. Unter anderem auch Verweise in den MPEG-Datenstrom für eine genaue zeitliche Zuordnung von Video- und Messdaten.

3.2 Der Video-Klient

3.2.1 Übersicht

Der Video-Klient ist ein eigenständiges Windows-NT-/-2000-Programm, das die digitalisierten Videodaten von DAVIS entgegennimmt und visualisiert. Ein Video-Klient bearbeitet immer nur einen Videodatenstrom und hat folgende Struktur:

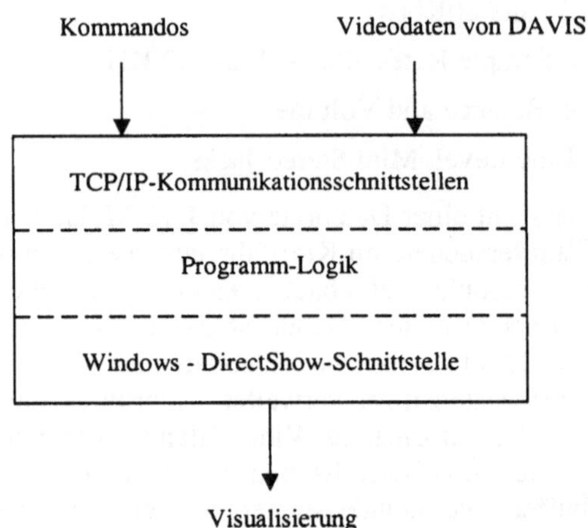

Über die Schnittstelle "Kommandos" wird der Video-Klient gesteuert. Die verschiedenen Betriebsmodi sind:

- Echtzeit-Wiedergabe:
  Dabei werden entweder die aktuellen Videodaten des Video-FrontEnds oder in DAVIS gespeicherte Videosequenzen in Echtzeit wiedergegeben

- Einzelbild-Wiedergabe:
  In diesem Modus können in DAVIS gespeicherte Videosequenzen Bild für Bild angezeigt werden (vor- und rückwärts)

Die Echtzeit-Wiedergabe erfolgt mit Hilfe einer Video-Decoderkarte, die Einzelbild-Wiedergabe durch Software-Decoder von DirectShow. Die Visualisierung der einer Videosequenz zeitlich zugeordneten Messwerte erfolgt in einem eigenen Programm.

3.2.2 Echtzeit-Wiedergabe

Aus Effizienzgründen erfolgt hier die Wiedergabe der Videodaten mit einer MPEG1/2-Decoderkarte (NetStream 2000 von SigmaDesign). Das Einblenden von Messwerten ins Videobild wird durch das sogenannte Blue-Box-Verfahren realisiert. Die folgende Skizze zeigt den Datenfluss:

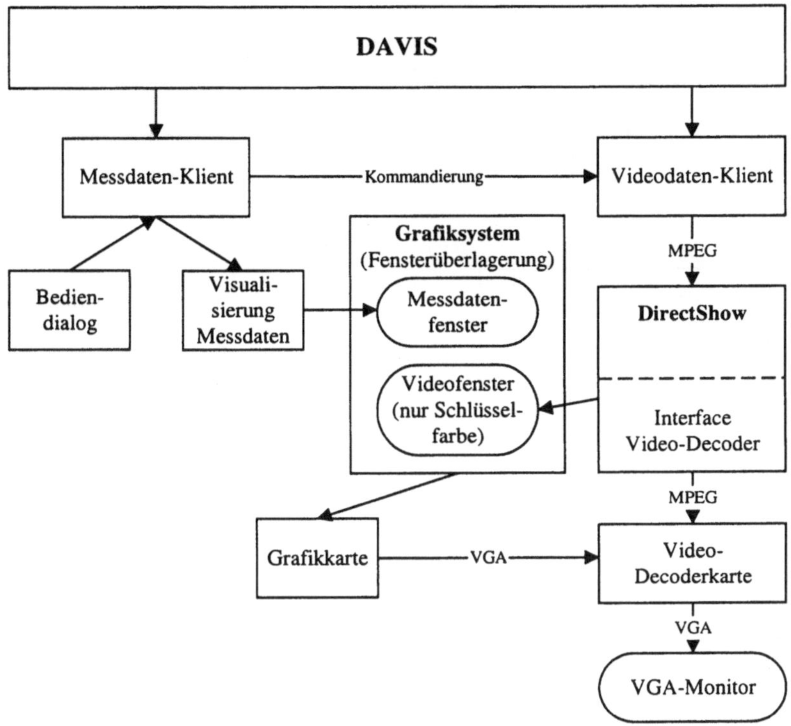

Im Videofenster sind alle Pixel mit einer Schlüsselfarbe vorbelegt. Der Video-Decoder ersetzt nur diese mit dem aktuellen Videobild. Dieses Verfahren stellt sicher, dass andere Fenster dem Videofenster überlagert werden können. Auch für die Darstellung von Messdaten im Videobild wird diese Eigenschaft genutzt. Der Hintergrund des Messdatenfensters ist deshalb mit der gleichen Schlüsselfarbe wie das Videofenster gefüllt. Durch die programmgesteuerte Überlagerung des Videofensters mit dem Messdatenfenster erscheinen die erzeugten Visualisierungsobjekte auf dem Monitor, als ob sie direkt ins Videobild eingefügt worden wären.

3.2.3 Einzelbild-Wiedergabe

Es können die von der Videokamera einzeln aufgenommenen Bilder auch einzeln zur Anzeige gebracht werden. Standardmäßig sind das für PAL 25 Bilder pro Sekunde.
Da die Qualität der Einzelbild-Wiedergabe mit Hilfe der Video-Decoderkarte unbefriedigend war und zudem Hardcopies von Videobildern möglich sein sollten, wurde für die Einzelbild-Wiedergabe der in DirectShow verfügbare MPEG-Software-Decoder eingesetzt. Die folgende Skizze zeigt den Datenfluss:

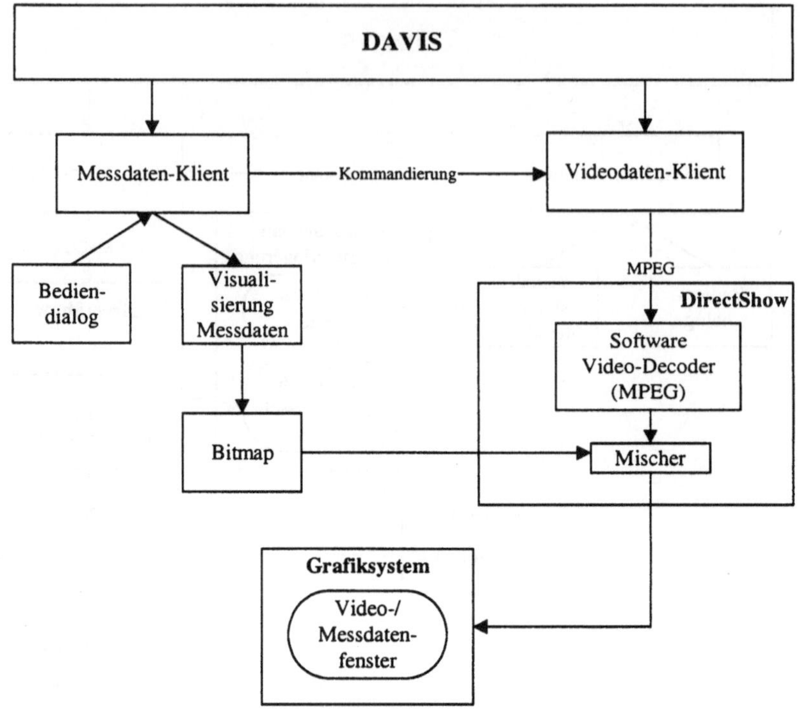

Bei der Einzelbild-Wiedergabe erfolgt die Visualisierung von Messdaten im Videobild nicht durch das Überlagern von Fenstern, sondern durch das Zusammenführen zweier Bitmaps. Der Mischer ersetzt nur die Pixel mit dem Farbcode "transparent" mit entsprechenden Werten aus den Videodaten. Das daraus entstehende Bitmap wird in einem Fenster durch das Grafiksystem visualisiert.
Bei der Einzelbild-Wiedergabe ist es möglich, sich eine Videosequenz sowohl vorwärts als auch rückwärts anzeigen zu lassen. Die Voraussetzung für eine genaue zeitliche Zuordnung von Video- und Messdaten sind exakte Zeitstempel in den jeweiligen Datenströmen.

4 Test-Szenario

Für den Nachweis der zeitlich sehr genauen Zuordnung (trotz Videokomprimierung) von Mess- und Videodaten wurde folgender Versuchsaufbau vorgenommen:

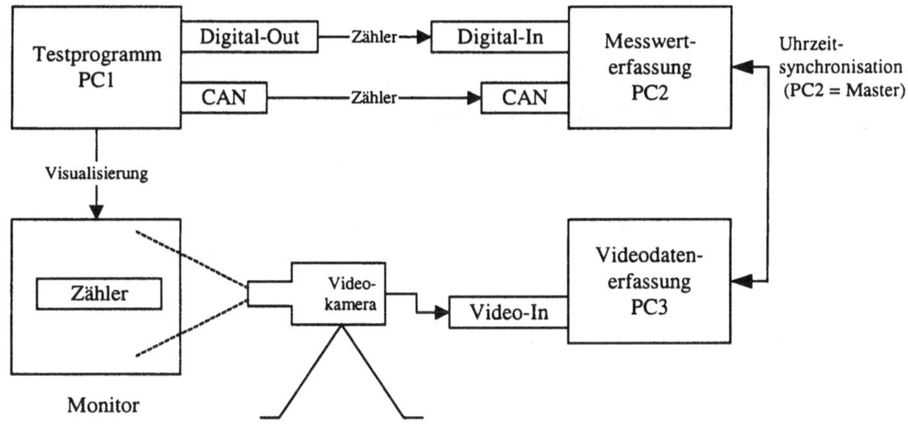

Auf dem PC1 läuft ein Testprogramm, das im 20ms-Takt einen Zähler hoch-
zählt und gleichzeitig dessen Wert auf dem Monitor visualisiert. Direkt davor
wird der Zählwert über eine digitale Schnittstelle und über eine CAN-Bus-
Schnittstelle ausgegeben. PC2 und PC3 erfassen und speichern die entsprechenden Mess- und Videodaten. Bei der Wiedergabe der aufgezeichneten Daten
im Einzelschritt kann dann die Genauigkeit der zeitlichen Zuordnung von Mess-
und Videodaten verifiziert werden. (Während des Vortrags erfolgt hierzu eine
Demonstration.)
Die Videoaufnahme erfolgte mit einer Standardkamera, die im Interlaced-Mode
arbeitet. Deshalb sind die angezeigten Werte teilweise etwas verschwommen,
eine bessere Bildqualität wäre hier sicherlich mit einer "progressiv scan"-
Kamera zu erreichen. Mit Hilfe dieses Testaufbaus konnte nachgewiesen
werden, dass die zeitliche Zuordnungsgenauigkeit zwischen Mess- und Videodaten bei etwa ± 30 ms liegt.

5 Schluss

Die Videokomponenten sind sehr modular aufgebaut, so dass es mit relativ
geringem Aufwand möglich ist, andere bzw. weitere Features zu realisieren wie
z.B.:

- Einsatz anderer Encoderkarten

- Verwendung anderer Datenformate wie MPEG2 oder MPEG4

- Unterstützung von digitalen Kameras

- Realisierung höherer Bildfrequenzen, z.B. 100 Bilder/s

Für DAVIS sind die Videodaten nur ein binärer Datenstrom, das verwendete
Videodatenformat kann deshalb geändert werden, ohne dass hierfür Änderungen
in DAVIS nötig wären. Nur der Video-Klient muss das entsprechende Format
des Video-FrontEnds unterstützen.

Literatur

[Array Microsystems 1997]
        Video ONE™ Producer, User's Guide, Array SOK
[ISO 1993]
        ISO/IEC 11172-2, Part 2: Video
[Schwartze, Kneuer 2000]
        (Auto-)mobile Datenerfassung und Messdatenmanagement
        Bericht über ein Projekt in der Fahrzeugmesstechnik für Serienfahrzeuge
[Werum 1994]
        Data Auto Video Information System (DAVIS), Volume 1-7

Programmierung von vernetzten Prüfplätzen in PEARL 90 am Beispiel der Lebensdauerprüfung von Waschautomaten und Trocknern

Uwe Hein

Miele & Cie. GmbH & Co.
Konstruktion und Entwicklung
Carl-Miele-Straße 29
D-33332 Gütersloh
uwe.hein@miele.de

Joachim Jensch

esd electronic system design gmbh
Vahrenwalder Straße 205
D-30165 Hannover
joachim.jensch@esd-electronics.com

1 Einleitung

Die Firma Miele produziert im Werk Gütersloh Waschautomaten und Trockner. Die hier hergestellten Geräte und sowie auch Neuentwicklungen werden einem Belastungstest im Dauerversuch unterzogen. Hier standen bisher ca. 140 Prüfplätze zur Verfügung, die 24 Stunden lang an 7 Tagen in der Woche in Betrieb waren. Die Steuerung, Überwachung und Messdatenaufnahme erfolgte weitgehend automatisch. Bisher werden die Funktionen Steuerung und Überwachung von einem SPS-System durchgeführt. Für die Messdatenaufnahme wird an einzelnen Geräte PC gestützte Messtechnik eingesetzt. Die gewonnen Daten gehen zum Teil automatisch in eine Datenbank, wo sie dann den Betreuern der Prüfgeräte für Auswertungen und Kontrolle zur Verfügung gestellt werden.

Die ständig wachsenden Anforderungen konnten von diesem Konzept nicht mehr alle erfüllt werden. Darum ist in Zusammenarbeit mit der Firma esd ein neues Konzept erarbeitet und zum Teil schon umgesetzt worden. Die bisherigen 35 Prüfplätze für Trockner sind bereits durch 75 neue Prüfplätze ersetzt worden. Mit der Umstellung der Prüfplätze für die Waschautomaten wird voraussichtlich ab Anfang 2002 begonnen.

2 Vorgaben

Die neue Generation der Prüfplatzrechner muss eine genauso hohe oder höhere Betriebssicherheit und Zuverlässigkeit haben, wie die bisher eingesetzten SPS-Steuerungen (zeitliche Verfügbarkeit > 98 %).

An den Prüfplätzen muss ein Bedieninterface, bestehend aus Anzeige- und Eingabemöglichkeit für alphanumerische Zeichen, sowie freibelegbaren Funktionstasten, vorhanden sein.

Die Prüfplätze benötigen zur Erfüllung der Messaufgaben mehrere serielle Schnittstellen (Anschluss von externen Messgeräten, wie z. B. Leistungsmessgerät, Fehlerstrommessgerät, Adapter zum Bedienen der optischen Schnittstelle von Waschautomaten und Trocknern, Drehzahlmesser). Des weiteren müssen Ein-, Ausgänge für 24 V = und 230 V≈, Temperatursensoreingänge (PT100, NiCrNi), analoge Ein-, Ausgänge (0..10 V und 0..20 mA) an jedem Prüfplatz vorhanden sein. Für später bekannt werdende Anforderung an den Prüfablauf oder für prüfplatzspezifische Messanforderungen soll eine standardisierte Feldbusschnittstelle implementiert werden.

Die Prüfplatzrechner sollen in das Firmennetz (Ethernet 100Mbit/s) eingebunden sein. Die Einbindung soll der off- und online Messdatensicherung und -weiterverarbeitung dienen. Die Administration des Prüfplatzrechner soll über das Netz zentral erfolgen.

3 Konzept

Die Ausgestaltung der Prüfplätze soll so universell sein, dass auch ein sehr speziell gestalteter Prüfablauf an jedem Prüfplatz möglich ist und in jedem Fall eine Zuordnung der Prüfplätze zum Trockner- oder Waschbereich vermieden wird. D.h. die bekannten Prüfabläufe im Wasch- und Trocknerbereich werden durch den Prüfplatz bzw. Prüfplatzrechner bedient. Für später erwartete weitere Anforderungen oder sehr spezielle Prüfabläufe wird die Erweiterung der Messdatenerfassung durch eine CAN-Schnittstelle vorgesehen.

Das Prüffeld, mit einem Endausbau von 180 Plätzen, muss zentral administriert werden. Die Software für die Prüfabläufe muss modular aufgebaut werden und, genau wie das Betriebssystem, von einem Server geladen werden. Die rechnerlokal benötigten Bootinformationen (z.B. Serveradresse) müssen über zentrale Zugriffe einstellbar sein.

Es soll möglich sein Broadcastinformationen zwischen den Prüfplatzrechner zu verschicken.

3.1 Hardware

Drei Lösungsansätze wurden in die engere Auswahl genommen: SPS, PC oder Embedded System.

Bei der SPS-basierten Lösung wurde die Verfügbarkeit als hoch bewertet. Die Bekanntheit der Hardware und Programmierwerkzeuge bei den Entwicklern war positiv. Kritisch wurden das Serielle- und das Ethernet-Interface eingeschätzt. Der gewünschte CAN-Anschluss war nicht verfügbar.

Bei der PC-Lösung wurde, unabhängig vom eingesetzten Betriebssystem, vor allem die Verfügbarkeit in Zweifel gezogen, während der Preis als Plus gesehen wurde.

Die Lösung Embedded System, d.h. ein kundenspezifischer Rechner mit allen geforderten Schnittstellen, überzeugte preislich gegenüber der SPS-Lösung. Der dabei vorgesehene Einsatz des Echtzeitbetriebssystems RTOS-UH und der Programmiersprache PEARL90 wurde zunächst kontrovers bewertet. Gegen die mangelnde Bekanntheit von RTOS-UH/PEARL 90 bei einigen Entwicklern standen die positiven Erfahrungen anderer Projektbeteiligter bei der Einarbeitung in RTOS-UH/PEARL 90 bei anderen Aufgaben. Positiv wurde die Nutzungsmöglichkeit vorhandener PEARL90-Softwaremodule aus vorangegangen Projekten bewertet.

Die Abwägung der Vor- und Nachteile führte zur Realisierung der Lösung Embedded System.

3.2 Software

Die Struktur der Software für die Applikation ist modular aufgebaut. Für jedes Messgerät oder jeden Funktionsbereich gibt es mehrere Module mit definierten Schnittstellen. In der Übersicht sind die verschiedenen Bereich dargestellt, die von dem Prüfplatzrechner (PPR) bedient werden.

Die Funktionen sind in 4 Bereiche aufgeteilt (Abb. 1). Der obere gelbe Bereich stellt die Kommunikationsebene am PPR da. Mit dem grünen Schatten im mittleren Bereich ist die Ein- und Ausgangsebene dargestellt. Der Zugriff auf externe Messgeräte erfolgt über den braunen Block links unten. Die Anbindung dieses Bereiches an den PPR erfolgt entweder über eine RS 232 Schnittstelle oder über den CAN-Bus. Die Kommunikation mit dem Linux - Server, das Empfangen von Anforderungen und das Weiterleiten von Messdaten erfolgt über den rechten unteren blauen Bereich über die Ethernet - Schnittstelle.

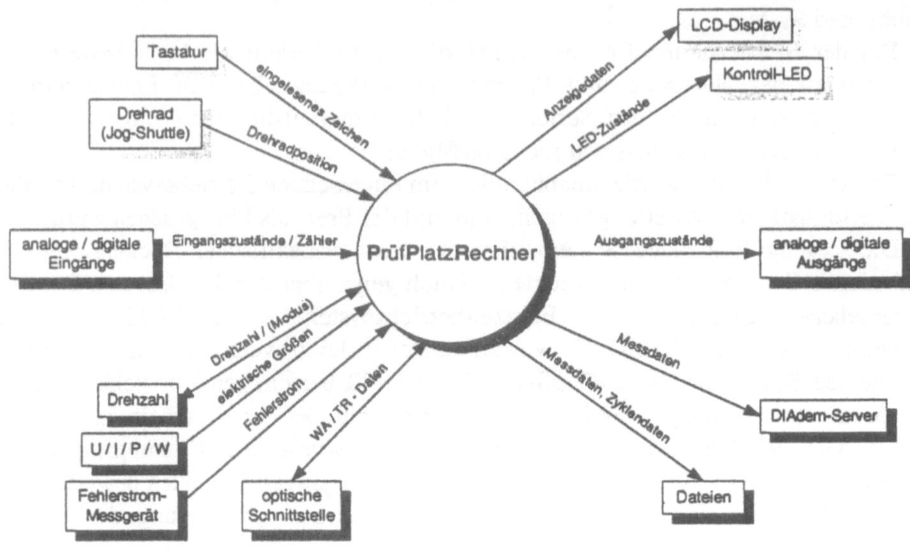

Abb.1 Softwarestruktur

3.3 Netzwerk

Die Kommunikation mit den Prüfplatzrechnern im Dauerversuch erfolgt über Ethernet (Abb. 2). Der Hauptkommunikationspartner jedes einzelnen PPR ist der Linux - Server (GTKEWRTOS). Alle Anforderungen an und von der Datenbank und die Datenablage selbst erfolgen über oder auf dem Linux - Server. Das Boot - Image und die Applikation für den PPR sind auf dem Linux - Server abgelegt und werden von dort dem PPR zur Verfügung gestellt. Die Dauer und Feldversuchsdatenbank (DFV-Datenbank) holt und legt ihre Daten auf dem Linux - Server ab.

Die Anwender arbeiten über Netzarbeitsstationen (NC's) oder auf einem Laptop mit Funk-LAN auf einer Windows-Terminal-Server-Farm. Dort werden die Applikationen, z. B. DIAdem und die Datenbankbenutzerschnittstelle den Anwendern zur Verfügung gestellt. Die einzige Anwendung bei dem der Anwender direkt auf den PPR zugreift, ist DIAdem. Auf jedem PPR läuft ein DIAdem - Server, der Online-Daten für die Messdatenerfassung und Überwachung zur Verfügung stellt.

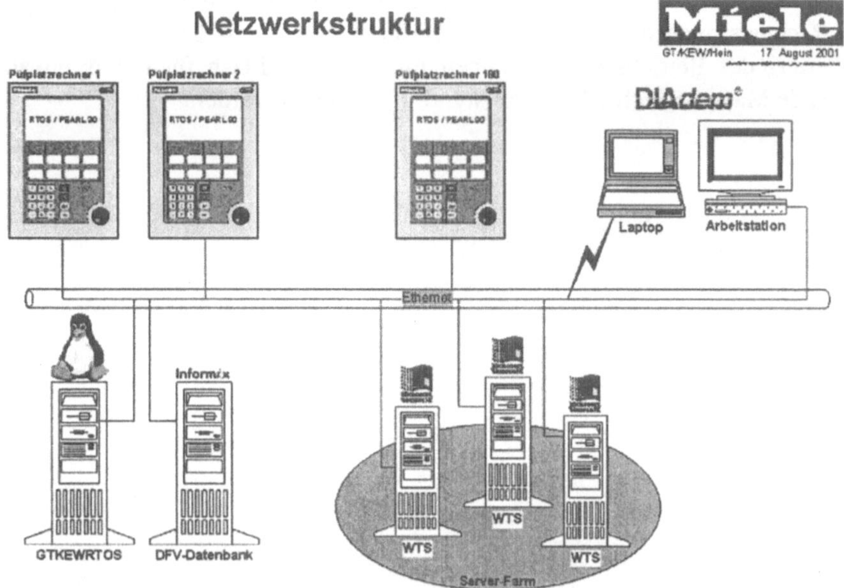

Abb. 2 Netzwerkstruktur

4 Realisierung

4.1 Hardware

4.1.1 Prüfplatzrechner

Der Rechner ist modular aufgebaut. Das Controller-Board besteht aus der IBM PowerPC 405 CPU mit den Kommunikationsschnittstellen Ethernet, Seriell, CAN. Ein Transition-Board stellt das physikalische Interface für diese Schnittstellen. Als rechnerinterner Bus dient ebenfalls CAN (CAN0 lokal). Er koppelt das Bedieninterface (LCD, Matrixtastatur, Drehrad, Funktionstasten) und das Board für die lokalen digitalen und analogen Ein-, Ausgänge an (Abb. 3).

Die weiteren digitalen Ein- und Ausgänge und ein Drehzahlmesser sind über die externe CAN-Schnittstelle CAN1 angeschlossen. Die Schnittstelle CAN2 ist für eventuelle Erweiterungen oder sehr spezielle Prüfanforderungen vorgesehen.

Der Speicheraufbau und das CompactFlash-Interface ermöglichen einen Betrieb des Rechners auch ohne Netzwerkunterstützung (siehe 4.2.1): Das Flash kann der Sicherung des Betriebssystems dienen und CompactFlash für die Applikation. Auf drehende Massenspeicher kann vollständig verzichtet werden.

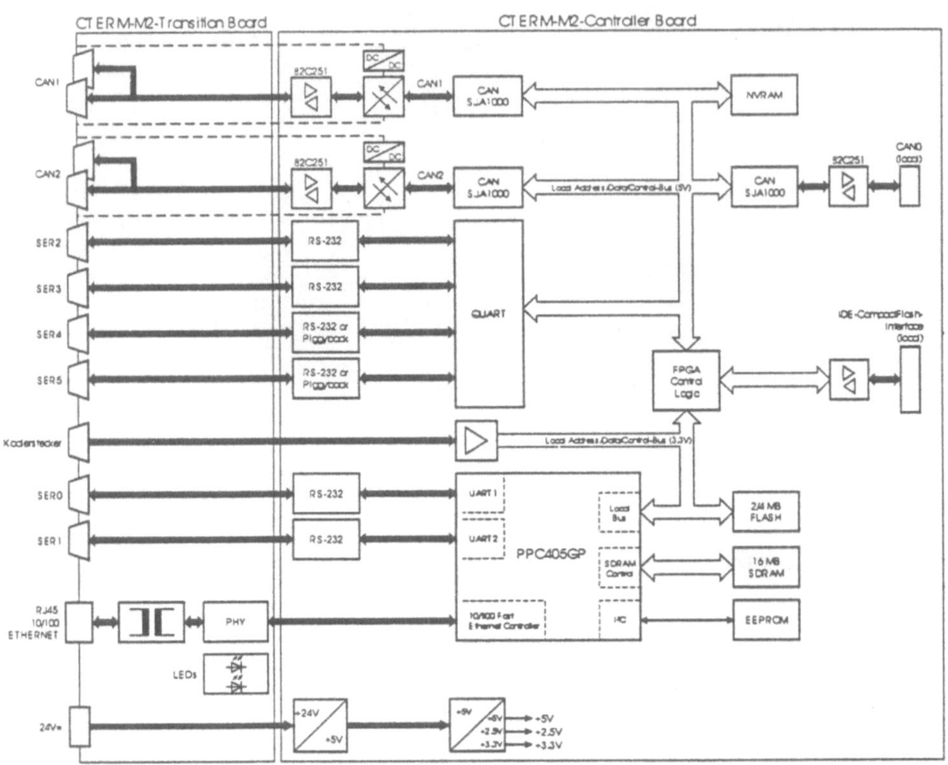

Abb. 3 Hardware

4.1.2 Prüfplatz

Die bereits aufgebauten Prüfplätze sind in ihrer Grundkonfiguration alle identisch. Es gibt bei einigen Plätzen lediglich Erweiterungen für spezielle Anforderungen. Teilweise sind die Prüfplätze zusätzlich mit einer CEE - Steckverbindung für 400 V≈ einer Anschlussmöglichkeit für Sonderspannungen oder einer Gassteckdose ausgerüstet.

Um eine hohe Verfügbarkeit der Prüfplätze zu erreichen, sind die Rechner so ausgelegt, das sie ohne großen mechanischen Aufwand ausgetauscht werden können. Die Softwarekonfiguration und die Zuordnung des Rechner zum Prüfplatz erfolgt über einen fest mit dem Schaltschrank verbundenen Codierstecker. Durch diesen Codierstecker wird beim Booten das letzte Byte der IP - Adresse (1 .. 254) festgelegt. Diese Nummer entspricht auch der Prüfplatznummer.

Fast alle digitalen und analogen Ein- und Ausgänge sind auf die Front des Prüfstandes herausgeführt, um eine universelle Anschlussmöglichkeit für verschiedene Prüfaufbauten, bei den verschiedenen Geräten zu gewährleisten. Das untenstehende Foto zeigt einen Prüfplatz für einen Trockner (Abb. 4).

Abb. 4 Prüfplatz

Im oberen Bereich sind einige Messgeräte, wie Drehzahlmesser und Fehlerstrommessgerät, sowie die Sicherungen montiert. Auf der linke Hälfte sind die Ein- und Ausgänge angeordnet. Rechts befindet sich der Rechner mit dem LCD-Display. Unterhalb des Schaltschrankes verlaufen die Versorgungsleitungen für verschiedene Wassersorten, Druckluft und Abwasser. Davor steht der Prüfling (hier: Trockner).

4.2 Software

Die eingesetzte Software lässt sich in zwei Bereiche unterteilen. Da ist zum einen das Boot-Image mit dem Betriebssystem RTOS-UH inklusive den Treibern für die eingesetzte rechnernahe Hardware. Der andere Bereich ist die Applikationssoftware, die darauf aufbaut. Die Betriebssystem- und Treibersoftware ist in C, Assembler und auch PEARL 90 codiert worden. Der Applikationsteil ist komplett in PEARL 90 programmiert worden.

4.2.1 Zentrale Administrierung der Prüfplatzrechner

Das Betriebssystem RTOS-UH wird vom Server geladen. Als Boot-Loader für das Betriebssystem wird PPC-Boot (Opensource-Code) eingesetzt. PPC-Boot lädt mittels TFTP das RTOS-UH Image vom Server. Die dafür benötigten Bootinformationen (z.B. Server-IP-Adresse) sind im NV-RAM des Prüfplatzrechners abgelegt. Diese Parameter können beim Start des Bootvorganges über Kommandos an der lokalen seriellen Schnittstelle verändert werden. Des weiteren wurden hierfür Shell-Kommandos implementiert. Die Shell-Kommandos erlauben zentral gesteuerte Parameteränderungen durch Skripte oder im Rahmen einer Telnet-Session.

Das Laden der Applikation und die weitere Konfiguration des PPR erfolgt nach dem Betriebssystemboot skriptgesteuert vom Server.

Mit dem Kodierstecker des Platzes wird dem PPR die Prüfplatznummer bekannt gemacht. Damit die PPR mit identischen Bootparametern konfiguriert werden können, dient die Prüfplatznummer der Kodierung des unteren Bytes der PPR-IP-Adresse.

4.2.2 Applikation

4.2.2.1 Modulstruktur

Bei der Applikation ist versucht worden, eine möglichst modulare Struktur zu realisieren (Abb. 5). Aus den eingangs beschriebenen Funktionsgruppen sind Modulgruppen abgeleitet worden, in denen die einzelnen Funktionen abgebildet sind. Alle Module sind so angelegt, dass sie von dem Zentralmodul aus über globale Variablen und Prozeduren angesprochen und gesteuert werden können. Die einzige Ausnahme davon bildet das Modul *2.3 SMV*. Es wird zu Laufzeit automatisch in Abhängigkeit von der Prüfaufgabe nachgeladen. Die Kommunikation mit diesem Modul erfolgt mittels systembekannter globaler Variablen und Taskaufrufen.

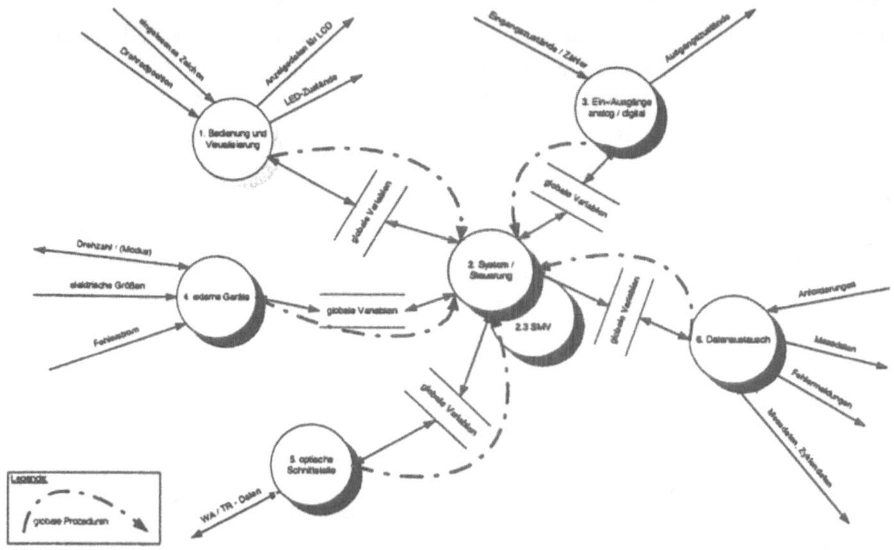

Abb. 5 Softwarefunktionsgruppen

Der Bereich *1. Bedienung und Visualisierung* besteht nur aus einem Modul. Dieses Modul steuert die Ausgaben auf dem LCD-Bildschirm, reagiert auf Drehbewegungen des Drehrades und wertet betätigte Tasten aus und veranlasst entsprechende Aktionen.

Dem Bereich *2. Steuerung* gehören 3 Module an. Das Modul *2.1 system* umfasst den System-Teil, globale Variablen und einige Funktionen zum Testen und zur Wartung der Applikation und des Systems, z. B. Debug - Modus aktivieren, Lesen und Schreiben des NV - RAM's. Im Modul *2.2 control* erfolgt die Initialisierung aller Module und der Start der Applikation. Ebenso sind dort einige Funktionalitäten zur Rechner und Netzwerküberwachung implementiert sowie das automatische Laden des Modul *2.3 SMV*. In diesem Modul SMV (Steuer- und Messvorschrift) ist der Ablauf der Prüfung, die Überwachungsfunktionen und der Ablauf für die Messdatenaufnahme hinterlegt.

Der Bereich 3 wird vom Modul *3.1 inout* bearbeitet. Es verarbeite die digitalen und analogen Ein- und Ausgänge, sowie die Temperatur- und Zählereingänge.

Im Bereich 4 sind alle Module untergebracht, die die Verbindung mit den rechnerexternen Messgeräten herstellen. Das Modul *4.1 Drehzahl* zur Kommunikation mit dem Drehzahlmesser über die CAN-Schnittstelle. Das Energiemessgerät wird von dem Modul *4.2 wselvt*, über eine RS 232 Schnittstelle verbunden. Das Fehlerstrommessgerät wird von dem Modul *4.3 wseac* betreut. Der Anschluss erfolgt über einen anlogen Eingang oder eine RS 232 Schnittstelle.

Die beiden Module im Bereich 5, *5.1 optsst* und *5.2 ec*, sorgen für die Verbindung zum Waschautomaten oder Trockner über die eingebaute optische Schnittstelle. Im Modul *5.1 opsst* ist das Protokoll und das Handling mit der optischen Schnittstelle abgelegt. Die Aufbereitung der elektronischen Beschreibungsdatei, die gerätespezifisch ist, und zwingend für die Kommunikation mit dem Waschautomaten oder Trockner benötigt wird, erfolgt von dem Modul *5.2 ec*. Diese beiden Module waren im Haus Miele bereits vorhanden und sind seit längerem bei der Montage von Waschautomaten, Trocknern und Geschirrspülern im Einsatz.

Der 6. Bereich dient dem Datenaustausch über Ethernet. Er ist in vier Module unterteilt. Die Aufbereitung und der Versand der Prüfergebnisse für die Datenbank erfolgt im Modul *6.1 dbdat*. Für jeden Versuch werden alle Messgrößen protokolliert und 24 Stunden lang vorgehalten. Dadurch ist eine lückenlose Fehlerrückverfolgung möglich. Dafür ist das Modul *6.2 zykldat* zuständig. Die gesamte Funktionalität, die die Datenbankkommunikation benötigt, wird von dem Modul *6.3 komdb* bereitgestellt. Im Modul *6.4 diaserv* ist der DIAdem - Server realisiert, der zur Onlinevisualisierung der Messdaten genutzt wird.

4.2.2.2 Rechnerkommunikation

Die folgende Grafik (Abb. 6) veranschaulicht die verschiedenen Wege der Rechnerkommunikation untereinander. Mit den verschieden Farben sind die unterschiedlichen Kommunikationswege gekennzeichnet.

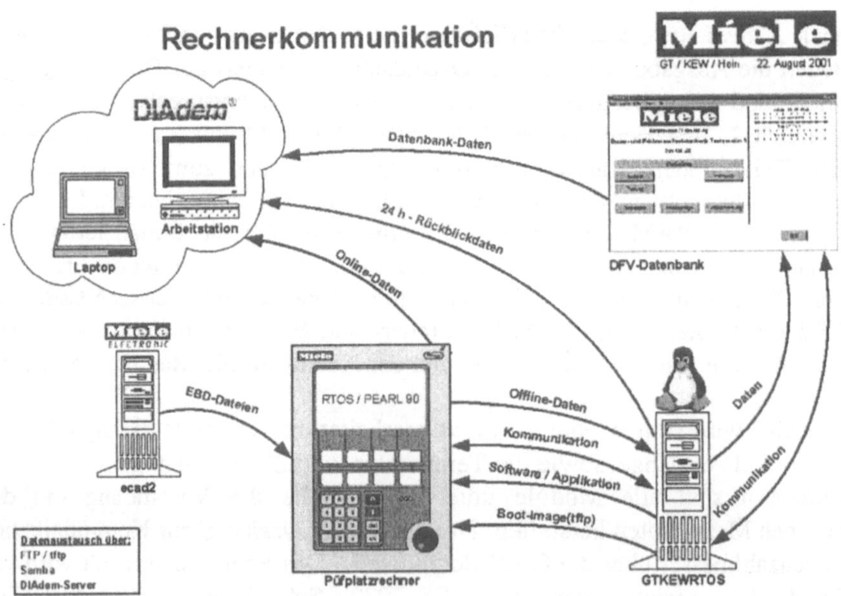

Abb.6 Rechnerkommunikation

Das Bootimage holt sich der Prüfplatzrechners (PPR) über TFTP vom Linux - Server. Anschließend wird die Applikation mit FTP ebenfalls vom Linux - Server heruntergeladen. Die Kommunikation des PPR erfolgt indirekt über die GTKEWRTOS mit der DFV-Datenbank. Auf diesem Wege erhält und sendet der PPR Anforderungen an die Datenbank. Die Verbindung des Linux - Rechners zum Datenbankrechner erfolgt über „gemountete" Verzeichnisse. Die während eines Versuches erzeugten Offline-Daten (Versuchskennwerte und 24 - Stunden - Rückblickdaten) werden über eine FTP - Verbindung an den Linux - Rechner übertragen. Dort bleiben die Rückblickdaten für 24 Stunden gesichert. Diese können über einen „SAMBA" - Server von den DIAdem – Systemen zur Analyse des bisherigen Versuchablaufes genutzt werden. Die Versuchskennwerte werden der Datenbank zur Verfügung gestellt.

Um über die optische Schnittstelle mit einem Waschautomaten oder Trockner zu kommunizieren, wird eine Elekronische-Beschreibungs-Datei (EBD) benötigt. Sie liegt zentral im Miele - Netz auf einem Server und wird bei Bedarf automatisch vom PPR über eine FTP - Verbindung herunter geladen. In dieser Datei sind Informationen über die in der Steuerung des Waschautomaten oder Trockners enthaltenen Variablen, deren Adressen und Formate hinterlegt.

Die vom DIAdem - Server erzeugten Online-Daten werden über eine Socket - Verbindung bereitgestellt. Die Daten können von mehreren DIAdem - Clients genutzt werden. Damit ist eine Onlinevisualisierung an mehreren Arbeitsplätzen möglich. Dem Betreuer steht dadurch die Möglichkeit zur Verfügung sich jeder Zeit ein Gesamtbild vom Prüfplatz zu machen. Ein Betreuer ist immer für mehrer Prüfplätze (20 und mehr) zuständig. Um immer aktuell über den Zustand der Prüfplätze in seinem Verantwortungsbereich informiert zu sein, steht ihm ein Übersichtsbild zur Verfügung. Darauf wird die aktuelle Zyklenzahl angezeigt. Gleichzeitig gibt der farbige Hintergrund über den aktuellen Zustand Aufschluss. Die verschieden Farben bedeutet zum Beispiel: Gerät läuft einwandfrei, eine Störung liegt an oder die Zyklenzahl zum Wäschewechseln ist erreicht.

Der Prüfplatzbetreuer kann zusätzliche Auswertungen auf der DFV-Datenbank starten. Diese Ergebnisse stehen Ihm, neben den oben genannten Online-Daten im DIAdem zur weiteren Auswertung zur Verfügung.

Embedded Systems
GATES oder Geht's nicht ?
Erfahrungen mit WindowsNT embedded

Karlotto Mangold

ATM ComputerSysteme GmbH
Konstanz
mangold@atm-computer.de

Zusammenfassung:

Ausgehend von den realen, aber nicht realzeitlichen Anforderungen von zwei konkreten eingebetteten Systemen einerseits und dem weitverbreiteten Kundenwunsch nach Windows und Windows-Ablegern, soll hier über eine Untersuchung berichtet werden, die zum Ziel hatte Windows NT embedded auf seine Einsetzbarkeit für eingebettete Systeme zu überprüfen und ein erstes rudimentäres Demo-System zum Laufen zu bringen.

Im einzelnen wurde untersucht

- welche Anforderungen von Seiten der Anwendung an das Hard- / Software-Grundsystem bestehen,

- welche nicht Windows-Komponenten integriert werden müssen,

- wie ein Kernel-Mode-Treiber erstellt werden kann,

- wie spezielle Peripherie angeschlossen werden kann.

Für diese Anforderungen wurde ein System konfiguriert und generiert sowie der Resourcenbedarf ermittelt.

Als kleines (aber nicht einfaches) Zusatzfeature wurde versucht, das System so zu konfigurieren, dass es ohne beschreibbaren Hintergrundspeicher von CD-ROM boot- und ausführbar ist.

Abschließend werden die Erfahrungen und die immer noch offenen Fragen dargestellt.

Einleitung

Charakterisierung der betrachteten eingebetteten Systeme

Bei den Systemen, die bezüglich ihrer Umstellung auf Windows NT embedded, im Folgenden kurz NT_E genannt, untersucht wurden, handelt es sich um zwei mobile Systeme, die in geländegängigen Fahrzeugen implementiert werden. Beiden Systemen ist gemeinsam, dass sie über spezielle (unterschiedliche) Funkprotokolle mit ihrer Umwelt kommunizieren.

Von der Rechner-Architektur her sind beide Systeme PC-basiert, so dass im Prinzip die von PCs bekannten Funktionen in der Hardware und im BIOS verfügbar sind. Das Anzeige-System ist ein sog. Panel-PC, wo im Elektroluminiszenz-Display die PC-Komponenten zum Teil als PC104 Baugruppen integriert sind. Das Bedien- und Anzeige-System besteht aus einem PC mit abgesetztem 12-Zoll TFT-Display und ebenfalls abgesetzter Tastatur mit integrierter Rollkugel. Darüber hinaus gibt es noch spezielle Komponenten, wie z.B. Funk-Kommunikation, Watchdog und Hupe.

Das erste System lässt sich als Anzeigesystem charakterisieren, das bei der Initialisierung, d. h. nach dem Einschalten seinen Status (Position und Zustand) meldet. Diese Informationen werden teilweise automatisch ermittelt, zum Teil aber auch aus Bediener-Eingaben generiert. Im Betrieb, erhält dieses System über Funk Befehle, die visualisiert werden müssen und deren Ausführung bestätigt werden muss. Insgesamt sind zur Dateneingabe 3 Masken und zur Datenausgabe 5 Masken definiert. Daneben gibt es noch 5 Funktionstasten, die spezielle Aktionen auslösen.

Das zweite System ist ein Bedien- und Anzeigesystem. Es erfordert oder erlaubt mehr Benutzer-Interaktionen. Hier sind für die Daten-Ein-/Ausgabe insgesamt 20 Bildschirmmasken definiert und 10 Funktionstasten lösen spezielle Aktionen aus.

Aufgabenstellung der Untersuchung

Ziel der Untersuchung sollte sein, darzustellen, welche Auswirkungen die Verwendung von NT_E auf die bereits existierende Anwendungs-Software der beiden oben beschriebenen Systeme hat. Während das Anzeigesystem bereits unter MS-DOS implementiert wurde, ist das Bedien- und Anzeigesystem derzeit unter MS-Windows (3.11) implementiert. Zusätzlich sollte ein NT_E Demo-System für das Anzeige-System erstellt werden, das die geforderten Basis-Funktionalitäten bietet.

Motivation

Als Ursache für diese Untersuchung sind mehrere Gründe zu nennen:
Einerseits sind heutzutage windowsbasierte Systeme und damit deren Benutzer-Oberfläche so weit verbreitet, dass die Bedienung solcher Systeme fast intuitiv erfolgt und der Schulungsbedarf relativ gering ist. Ein weiterer Effekt dieser Verbreitung ist die

Tatsache, dass durch ein ähnliches oder gar identisches "look and feel" die Umstellung von einem System auf ein anderes recht einfach ist.

Für die Akzeptanz solcher Systeme durch den Benutzer ist oft ausschlaggebend, dass der Nutzer eine gewisse Erwartungshaltung hat und diese erfüllt sehen will. Zu dieser Erwartung gehört die Vorstellung, dass die gleichzeitige Darstellung von mehreren Fenstern dem heutigen Stand der Kunst entspricht. Damit spricht zunächst alles für Windows.

Einige technische Randbedingungen lassen jedoch die Suche nach Alternativen zweckmäßig erscheinen:

- MS-Windows NT hat einen sehr großen Resourcenbedarf.
- Es ist wünschenswert, das Betriebssystem und die Anwendungssoftware so weit wie möglich schreibgeschützt abzulegen, um zu verhindern, dass wesentliche Teile der Software durch einen überraschenden Spannungsausfall in einen inkonsistenten Zustand kommen.
- Auf Grund der rauen Einsatzbedingungen kann in beiden Systemen kein Plattenspeicher eingesetzt werden. Stattdessen müssen Flash-Speicher verwendet werden, die in der Größe, wie sie von Windows NT benötigt werden, immer noch recht teuer sind. Außerdem ist die Zahl der Schreibzyklen beschränkt, so dass implizite Schreibvorgänge vermieden werden sollten.

Randbedingungen

Als Randbedingung für diese Untersuchung galt die Vorgabe, dass die derzeit vorhandene Hardwarekonfiguration soweit wie möglich zu verwenden ist.

Als Hilfsmittel wurden die beiden Werkzeuge Target Designer 4.0 und Component Designer 4.0 von Microsoft – jeweils in der englischen Version – eingesetzt.

Anforderungen der Anwender-Software an das Betriebssystem

Zunächst sollte die prinzipielle Einsetzbarkeit von NT_E untersucht werden. Da die betrachteten existierenden prototypischen Systeme auf MS-DOS bzw. Windows 3.11 basieren, konnte davon ausgegangen werden, dass durch die umfassende Funktionalität von NT alle Anforderungen an das Betriebssystem abgedeckt werden.

Da jedoch versucht werden sollte, u.a. auch den Platzbedarf des Systems zu reduzieren, musste natürlich zunächst festgestellt werden, welche Funktionalität tatsächlich benötigt wird und welche Granularität des NT_E Systems erreichbar ist.

Die existierende Anwendersoftware hat für beide Systeme folgende Anforderungen an das verwendete Betriebssystem:

- Zugriff zur Funk-Schnittstelle über eine proprietäre Bibliotheksschnittstelle, die den Zugriff auf das Funk-Protokoll vermittelt, das autonom abläuft
- Zugriff auf den Watchdog durch direkten Zugriff auf einen I/O-Port
- Zugriff auf die Hupe über einen sehr einfachen Treiber
- Zugriff auf den Timer-Takt, um die Zeitanzeige laufend zu aktualisieren, sowie ggf. Count-Up und Count-Down darzustellen.

- Ausgabe der Masken in unterschiedlichen Schriftgrößen im Graphikmode mit Hilfe der Borland Graphik-Bibliothek. Eine vergleichbare Funktionalität wird natürlich unter NT selbstverständlich.
- Anschluss und Betrieb einer Fahrzeug-Orientierungsanlage über eine modifizierte serielle Schnittstelle, um die aktuelle Fahrzeugposition einzulesen.
- Schreiben eines Logbuchs auf nicht flüchtigem Speicher.
- Verwaltung von Anwenderdateien auf dem Flash-Speicher.

Die Kommunikations-Plattform unter NT embedded

Die Funktionalität der verwendeten Funkprotokolle wird durch ladbare Firmware für einen universellen Kommunikationsprozessor erbracht und ist sowohl unter MS-DOS (und damit auch Windows 3.1x) als auch unter Windows NT(4.0) verfügbar und abgenommen.

Für den Betrieb dieser Funktionalität unter NT_E ist sowohl ein Kernel Mode Treiber als auch ein Service mit den erforderlichen Registry-Einträgen nach NT embedded zu übernehmen. Außerdem sind als Anwendungen das Ladeprogramm und ein Testprogramm zum Nachweis der Kommunikationsfähigkeit in das NT_E System zu integrieren. Mit Hilfe des Component-Designers wurden diese Komponenten problemlos nach NT_E übernommen und in das Demo-System integriert. Ebenso wurde die ladbare Firmware und eine Reihe von Test-Skripts für den Funktionstest als Dateien in das Demo-System übernommen.

Es war erfreulich einfach und problemlos, ein NT_E-System zu erzeugen und die aus NT übernommene Funkkommunikation in Betrieb zu nehmen und deren Funktionsfähigkeit exemplarisch nachzuweisen.

Erstellung eines Watchdog-Treibers unter NT und NT_E

Die für das Anzeigesystem verwendete Hardware enthält eine Überwachungsfunktion, einen sogenannten Watchdog, die regelmäßig getriggert werden muss, um zu verhindern, dass die Störungslampe aufleuchtet. Dies erfolgt durch Zugriff auf ein Register im I/O-Adreß-Bereich. Da unter NT und NT_E ein solcher Zugriff für die Anwendungs-Software nicht direkt – unter Umgehung des Betriebssystems - zulässig ist, wurde für das Betriebssystem Windows NT ein relativ trivialer Kernel-Mode Treiber erstellt, der von der Applikation aufgerufen werden kann und diese Zelle beschreibt. Die Adresse dieses Registers wird einem Eintrag in der Registry entnommen. Im Rahmen der vorliegenden Studie wurde dieser Treiber mit Hilfe des Component Designers nach NT_E übernommen und in das Demo-System integriert.

Erstellung eines Kernel-Mode Treibers zur Ansteuerung der Hupe

Wie bereits dargestellt, wird die Hupe hardwaremäßig durch Schreiben auf einen Port angesteuert. An Funktionalität wird von der Anwendungs-Software Folgendes benötigt:

- Hupe anschalten laut
- Hupe anschalten leise
- Hupe ausschalten
- kurze Huptöne im Sekundentakt erzeugen.

Die letzte Funktion ist gedacht, um beispielsweise den Count-Up oder den Count-Down akustisch zu begleiten. Dabei ertönt die Hupe im Sekundentakt für ein oder zwei Ticks der PC-internen Uhr. Die implementierungstechnisch einfachere Möglichkeit diese Pulse mit rhythmischem An- bzw. Ausschalten der Hupe aus der Anwendungs-Software zu erzeugen. erscheint nicht zuverlässig genug, da nicht garantiert werden kann, dass die Anwendungs-Software unter WindowsNT bzw. NT embedded auch im Lastfall rechtzeitig die Regie erhält, um den Sekunden-Takt einzuhalten und die Hupe gleichmäßig ein- und auszuschalten.

Die ersten 3 Funktionen lassen sich im Prinzip mit einem leicht modifizierten Watchdog-Treiber, wie er bereits oben beschrieben wurde, erreichen. Die letzte Funktion erfordert jedoch zusätzliche Funktionalität auch an der Schnittstelle.

Es wird deshalb vorgeschlagen, einen Kernel Mode Treiber zu entwickeln, der folgende Funktionalität hat:

CreateFile zum Eröffnen eines Kanals von der Anwendung zum Treiber.

ReadFile zum Lesen des aktuellen Wertes vom spezifizierten Port (gemäß Registry-Eintrag). Mit diesem Aufruf kann der Watchdog von der Anwendung getriggert werden, ohne dass die Hupe damit beeinflußt oder verändert wird. Damit ist das Triggern asynchron zu anderen Aktivitäten möglich.

WriteFile zum Schreiben eines Wertes in den spezifizierten Port. Von der Anwendung sind hier generell zwei Bytes an den Treiber zu übergeben. Hier wird nicht nur der zu schreibende Wert von der Anwendung übergeben, sondern auch eine Kennung ob und wie lange im Sekundentakt gehupt werden soll. Dieses kurze Hupen erfolgt dann unabhängig von der Anwendung.

Die Anwendungs-Software im Anzeige-System

Die Anwendungs-Software für das Anzeigesystem wurde auf der Basis von MS-DOS (6.22) entwickelt. Um in den Masken unterschiedliche Schriftgrößen verwenden zu können, wurden Schriften verwendet, die von der Borland Graphik Bibliothek (BGI Borland Graphic Interface) bereitgestellt werden. Dabei wird von dieser Bibliothek das Display in den Graphikmodus geschaltet und die Ausgabe erfolgt durch direkte Schreibvorgänge im Bildspeicher. Diese Betriebsart ist unter Windows NT und damit auch unter NT_E unzulässig und deshalb ist diese Bibliothek auch für dieses Betriebssystem nicht mehr verfügbar. Es ist jedoch davon auszugehen, dass eine Umstellung auf Windows NT bzw. NT_E nur dann Sinn macht, wenn die Benutzeroberfläche aus verschiedenen Fenstern besteht. Eine 1-1-Umstellung, die die bisherigen Masken unverändert in einem MS-DOS-Fenster von NT bzw. NT_E darstellt, erscheint m. E. nicht sinnvoll. Vor einer solchen Änderung ist jedoch der Nutzer des Systems zu hören.

Da das für die Kommunikation des Anzeigesystems mit seiner Umwelt verwendete Funkprotokoll genau definierte Datenstrukturen auf dem Funkkreis erzeugt, kann die

Auswahl des Betriebssystems für das Anzeigesystem unabhängig von der Betriebssystemauswahl bei Partnersystemen erfolgen.

Die Anwender-Software im Bedien- und Anzeigesystem

Hier liegt bereits eine Windows 3.11 basierte Anwendung vor, deren Bedienoberfläche vom Benutzer akzeptiert ist. Der Einsatz dieses Systems sieht vor, dass die Fenstertechnik erforderlich ist. Diese Oberfläche lässt sich unter NT_E problemlos nachbilden. Für die Zugriffe auf Hupe, Watchdog und Funk-Kommunikation gilt das oben Gesagte.
Zusätzlich sind hier Datenhaltungsfunktionen gefordert, die jedoch in der zweiten, nicht schreibgeschützten Partition problemlos abgelegt werden können. Hier ist lediglich von der Anwendung her darauf zu achten, dass die Plattenzugriffe direkt erfolgen und durch Bereinigungsmaßnahmen beim Systemstart eventuell inkonsistente Zustände beseitigt werden.

Anschluß der Fahrzeug-Orientierungsanlage

An der COM1-Schnittstelle des PCs, die jedoch intern im Gerät auf eine RS422-Schnittstelle umgesetzt wird, kann eine Fahrzeug-Orientierungs-Anlage (FOA) angeschlossen werden. Um dies auch unter NT_E zu ermöglichen, ist bei der Konfiguration des Systems die serielle Schnittstelle freizugeben und in der Applikation das Device com1 zu kreieren. Danach kann mit den Funktionen ReadFile und WriteFile auf diese Schnittstelle über die Standard NT-Treiber zugegriffen werden. Im erzeugten Demo-System ist ein Demo-Programm enthalten, das Zeichen ausgibt, und zurückzulesen versucht. Bei aufgestecktem Prüfstecker können die ausgegebenen Zeichen wieder eingelesen werden. Das Programm prüft dies und meldet Fehler, wenn dies nicht der Fall ist. Auf Grund dieser Erfahrungen werden bei der Umstellung der Kommunikation mit der FOA von MS-DOS auf NT_E keine Probleme erwartet, obgleich der Integrationstest und die Verifikation mit dem realen Peripheriegerät noch aussteht.

Führen des Logbuchs

Um sicherzustellen, dass durch einen unbeabsichtigten Ausschalt-Vorgang, bzw. einen Spannungsausfall, auf dem Plattenspeicher keine inkonsistenten Zustände entstehen, die einen erneuten Systemstart sehr stark verzögern oder im ungünstigsten Fall die Neuinstallation der Software erfordern, wurde für die Systemplatte ein Write-Filter definiert, das Schreibvorgänge auf die Systemplatte verhindern soll. Dadurch wird zwar der Anwendungs-Software gegenüber ein Schreibvorgang vorgetäuscht, tatsächlich wird jedoch der Platteninhalt nicht verändert. Um dennoch Anwender-Daten abspeichern zu können, auf die auch nach einem Aus-/Einschaltvorgang noch zugegriffen werden kann, wurde die Systemplatte in zwei Partitionen aufgeteilt (Laufwerke C: und D:). Während das Laufwerk C: als Systemplatte durch das Write-

Filter quasi read-only betrieben wird, kann das Laufwerk D: beliebig beschrieben werden. Es liegt dann an der Anwendungs-Software, dafür zu sorgen, dass die Anwenderdaten konsistent bleiben oder Mechanismen vorzusehen, die (ggf. mit entsprechendem Datenverlust) inkonsistente Dateien regenerieren. Die derzeitige Art der Logbuchführung ist bereits jetzt bis auf einen Eintrag gegen Spannungsausfall geschützt. Bei einem eventuellen Übergang auf NT_E ist lediglich sicherzustellen, dass Schreibaufträge von der Anwendungs-Software auch unmittelbar zu einem Plattentransfer führen und nicht im Betriebssystem gepuffert und erst verzögert geschrieben werden.

Dieser „Schreibschutz" auf der Systemplatte verhindert gleichzeitig die impliziten Schreibzugriffe des NT-Systems, die eine unkontrollierte „Alterung" der Flash-Disk verursachen würden. Allerdings hat dieses Write-Filter die Nebenwirkung, dass das System auch kein Page-File hat, so dass der Hauptspeicherausbau so groß dimensioniert werden muss, dass alle gleichzeitig aktiven Prozesse resident Platz finden müssen.

Überblick über die durchgeführten Arbeiten

Im Rahmen der Studie wurden die oben beschriebenen Arbeiten durchgeführt und ein Demo-System erzeugt, das sowohl die den NT-Explorer, das Uhrprogramm, die Systemsteuerung und den Editor enthielt. Außerdem wurde die für die Kommunikation notwendigen Basis-Software samt einem Testprogramm zum Funktionssnachweis integriert.

Ermittlung des Resourcenbedarfs

Derzeit hat das Anzeigesystem einen Flash-Speicher von 24 MByte, einen Hauptspeicher-Ausbau von 16 MByte und eine CPU vom Typ 486 mit einer Prozessor-Frequenz von 100 MHz. An diesen Panel-PC kann standardmäßig eine MF2-kompatible Tastatur angeschlossen werden. Der Anschluss eines Zeigegerätes (Maus, Rollkugel oder ähnliches) ist derzeit nicht vorgesehen, wäre aber prinzipiell möglich.

Das Bedien- und Anzeigesystem hat standardmäßig eine MF2-kompatible Tastatur und ein Zeigegerät. Der Hintergrundspeicher hat eine Kapazität von 40 MByte.

Plattenspeicherbedarf

Das oben beschriebene Demo-System belegt auf dem Plattenspeicher knapp 20 MByte. In diesem Bedarf sind zwar noch keine Anwendungsprogramme, aber bereits die Protokoll-Firmware enthalten. Um beim Betriebssystem noch Erweiterungsmöglichkeiten für wahrscheinlich höhere Anforderungen künftiger Betriebssystem-Releases zu haben, sollte von einem Bedarf von 30 MByte ausgegangen werden. Dazu kommt der Bedarf für die Applikationen. Es stellt sich dann aber die Frage, warum überhaupt eine Umstellung auf NT bzw. NT_E erfolgt. Beim Bedien- und Anzeigesystem ist der Speicherbedarf nach der Umstellung auf eine echte Windows-Applikation derzeit noch nicht abzusehen. Insbesondere muss erwartet werden, dass die recht speicherintensive Funktionen der MFCs benötigt werden. Da die jetzt beispielhaft integrierten Windows-Utilities Explorer, Ereignisanzeige, Editor und Uhr aber ihre normale Funktionalität haben, werden hier wahrscheinlich keine allzu unliebsamen Überraschungen zu befürchten sein.

Auf jeden Fall erscheint ein Gesamtbedarf von 60 MByte ausreichend zu sein. Sollte jedoch noch eine umfangreiche Datenhaltung erforderlich sein, so ist dieser Speicherbedarf noch hinzuzurechnen.

Hauptspeicherbedarf und CPU-Takt

Mit der jetzt im Anzeigesystem verwendeten CPU (16 MByte Hauptspeicher und 100 MHz) läuft das Demo-System zwar. Die Performance ist aber nicht akzeptabel. Insbesondere der Boot-Vorgang, der fast 5 Minuten benötigt, erfordert sehr viel Geduld und muss deutlich beschleunigt werden.

Hier ist noch zu prüfen, wie weit ein NT_E System generell eine längere Startphase hat als ein normales NT System. Dies wäre damit zu erklären, dass die Feststellung der Hardware-Konfiguration, bei NT-Systemen bereits zur Installations- bzw. Generierzeit erfolgt und bekanntlich recht lange dauert. Bei NT_E erfolgt die Generierung auf einem Entwicklungssystem, wo die Details des Zielsystems noch gar nicht alle bekannt sind und deshalb beim Systemstart dynamisch ermittelt werden müssen. Für diese Vermutung spricht die Tatsache, dass es meist schwierig bis unmöglich ist, mit einer bootfähigen Platte – mit einem fertig installierten NT-System – von einem Rechner-Typ auf einen andern zu wechseln.

Beim Betrieb der einzelnen Funktionen, die bisher allesamt nicht besonders verarbeitungsintensiv sind und im wesentlichen von Interaktionen des Bedieners abhängen, könnte die jetzige CPU beibehalten werden. Vor einer Entscheidung müsste noch untersucht werden, durch welche Maßnahmen der Boot-Vorgang am wirkungsvollsten beschleunigt werden kann. Hier sind folgende Möglichkeiten denkbar:

* Vergrößerung des Hauptspeichers
* Einsatz eines Page-Files auf einer RAM-Disk
* Erhöhung der Prozessor-Frequenz
* Umstieg auf einen Pentium-Prozessor

Dabei ist aber zu berücksichtigen, dass zumindest die letzten beiden Änderungen auch Auswirkungen auf die Wärmebilanz im Gerät haben werden.

Auswirkungen auf die existierende Hardware-Konfiguration

Bezogen auf die jetzige Hardware-Konfiguration kann festgestellt werden, dass auf der jetzt vorliegenden Konfiguration des Anzeigesystems NT_E ablauffähig ist, dass aber - abhängig von der wahrscheinlich noch gewünschten Funktions-Erweiterung der

Anwendungs-Software - beim Umstieg auf NT_E ein größerer Plattenspeicher und ein Zeigegerät eingesetzt werden sollte. Außerdem muss noch untersucht werden, ob und wie der Boot-Vorgang beschleunigt werden kann. Gleichzeitig sollte berücksichtigt werden, ob und wenn ja, welche verarbeitungsintensiven Funktionserweiterungen beim Umstieg auf NT embedded gefordert werden.

Abhängig von diesen Zusatzforderungen ist ggf. der Hauptspeicher zu vergrößern und/oder ein leistungsfähigerer Prozessor einzusetzen.

Beim Bedien- und Anzeigesystem ist zu erwarten, dass die derzeitige Hardware-Konfiguration für NT_E ausreichend sein dürfte.

Ein „typisches" Problem mit NT_E

Zur Charakterisierung der Probleme, die beim Arbeiten mit NT_E auftraten, soll folgendes Beispiel dienen.

Zur Präsentation der Studienergebnisse sollte das erstellte Demo-System, auf CD gebrannt und von dieser an einem „beliebigen PC" gebootet und ausgeführt werden.

Obgleich in der NT_E Dokumentation und in der Beschreibung der unter NT_E verfügbaren Funktionalitäten dieser Einsatzfall explizit genannt wird, erwies sich die Realisierung dieses Wunsches als fast unmöglich und ist im allgemeinen Fall bis heute noch nicht gelöst.

Die dabei aufgetretenen Probleme lassen sich grob in drei Klassen einteilen:

- Wie konfiguriert man NT_E für CD-ROM?
- Wie erstellt man eine bootfähige CD-ROM und welche Unterstützung liefert dabei das Brennprogramm?
- Wie findet man einen geeigneten Rechner, auf dem diese CD lauffähig ist?

Die Beantwortung dieser Fragen gelang nur experimentell, wobei erschwerend hinzu kommt, dass keine Methode gefunden wurde, die eine unabhängige Beantwortung dieser Fragen ermöglichte. Es gab zwar eine Reihe von notwendigen Bedingungen für die erfolgreiche Erstellung eines solchen Systems, aber erst der Versuch, tatsächlich zu booten, zeigte, dass mindestens einer der verschiedenen Parameter einen falschen Wert hatte.

Zu diesen notwendigen Bedingungen gehörte die erfolgreiche Auseinandersetzung mit der Plausibilitätsprüfung des Target-Designers, die zu einem relativ frühen Zeitpunkt offensichtliche Unverträglichkeiten entdeckt und dem Benutzer meldet.

Werden in der Konfigurations-Beschreibung sind folgende Komponenten ausgewählt:

- El Torito CD als Platte mit FAT-Dateisystem und Write-Filter
- No Page-File,

so ist die erforderliche Plausibilität offenbar hergestellt.

Nach der Konfiguration musste das Problem der Erzeugung einer bootfähigen CD-ROM gelöst werden. Dieser Vorgang hängt sehr stark von der Unterstützung durch die verwendete Brenner-Software ab. Als gangbarer Weg stellte sich folgende Vorgehensweise unter Verwendung von WinOnCD (3.7) heraus:

Zuerst wird im Entwicklungssystem (h. h. unter NT) eine Partition erstellt und im FAT-Format formatiert. Aus dem mit dem Target Designer generierten System werden dann die Dateien ntldr, ntdetect.com und boot.ini in dieser Reihenfolge(!) in diese

Partition kopiert. Erst danach können mit xcopy /e dir vom Target Designer erzeugten Verzeichnisse WinNT, temp,... in diese Partition kopiert werden. Die so vorbereitete Partition kann dann als Boot-Partition auf die CD gebrannt werden.

Diese Arbeiten müssen jedoch nicht zwingend zum Erfolg führen. Der entscheidende Punkt ist die Frage, ob der Rechner zum Start von NT_E von CD-ROM geeignet ist. Es reicht nachweislich nicht, dass der Rechner mit einer angeschlossenen IDE-Platte unter NT läuft.

Wie findet man einen geeigneten Rechner, auf dem diese CD lauffähig ist?

Die Antwort auf diese Frage war die zeitraubendste.

- Natürlich muss der Rechner im BIOS das Booten von CD-ROM unterstützen.

- Der entscheidende Punkt scheint jedoch das Zusammenspiel von Motherboard, BIOS und CD-ROM-Laufwerk und NT_E Start-Routinen zu sein, da sonst ein Blue Screen mit der Meldung „Inaccessible Boot Device" erzeugt wird. Möglicherweise hängt dies vom Zeitverhalten des CD-ROM Laufwerks ab, das in der Startphase vom System normiert wird und auf den anschließenden ersten Zugriff mit Fehler reagiert, was zum besagten Blue Screen führt.

- Mehrfache Versuche sowohl von Microsoft (Hotline und Internet) als auch über Newsforen und e-mail-Listen Hilfe zu beschaffen, schlugen fehl. Es war nicht einmal zu erfahren, dass „Inaccessible Boot Device" auch auf Hardware-Probleme hindeuten kann. Erschwerend kommt hinzu, dass es zu NT_E und dem bei dem zur System-Erstellung zu verwendenden Werkzeug Target Designer praktisch keine gedruckte Literatur gibt und die Hilfe-Dateien keine Beispiele zur Lösung dieses Problems enthalten.

Abschließend kann zu diesem Problem bisher nur auf „experimentelle Forschungen" verwiesen werden, wobei bisher noch keine Gesetzmäßigkeit erkannt werden konnte. Von 5 unterschiedlichen Rechnern ließen sich drei von CD booten, während zwei nur die Meldung „inaccessible boot device" lieferten. Auch die Vermutung, dass Marken-PCs hier zuverlässiger als no-name PCs sein könnten, erwiesen sich als irrig.

Offene Punkte und Zusammenfassung

Nach Abschluss dieser Untersuchung erscheint zwar die technische Umstellbarkeit der beiden untersuchten Systeme auf NT_E gesichert, wenn die lange Bootphase verkürzt werden kann.

Außerdem wurde erkannt, daß Arbeiten mit NT_E erfordert einen erheblichen Schulungs- und Beratungsbedarf benötigt.

Die entscheidende Frage, die vor einer Umstellung zu klären ist, ob die eingebettete Anwendung wirklich die wesentlichen Funktionen eines Windwos-Systems braucht und ob es sich tatsächlich lohnt, für diese „Vorteile" die Abhängigkeit von den kommerziell orientierten, kurzlebigen Produktzyklen für ein langlebiges Investitionsgut in Kauf zu nehmen.